PROFIL PHILOSOPHIE

Collection dirigée par Georges Décote

Série « Textes philosophiques » sous la direction de Laurence Hansen-Løve

LA PEINTURE

Esthétique

IIIe PARTIE, TROISIÈME SECTION, CH. I

HEGEL

Traduction de Patrice Henriot

Présentation, notes et commentaires

par Patrice Henriot

Agrégé de philosophie
Professeur de Première supérieure
au Lycée Jules-Ferry

HATIER

SOMMAIRE

ISBN 2-218-02613.9

HEGEL DANS L'HISTOIRE (1770–1831)

Le résultat n'est rien sans son devenir.
Phénoménologie de l'Esprit, Préface.

Georges-Guillaume-Frédéric Hegel naît deux ans après Chateaubriand, un an après Napoléon Bonaparte et la même année que Beethoven, le 27 août 1770, à Stuttgart (Würtemberg). Son père est fonctionnaire à la Chancellerie. Ce philosophe, qu'on prétend inséparable de l'Etat prussien, est un méridional. En 1780, il entre au Lycée classique de Stuttgart. Sa mère meurt en 1783. Il se passionne pour le grec et le latin, écrivant un dialogue latin et dissertant sur la religion des Grecs et des Romains ; il étudie les mathématiques et la physique.

1781 : Kant, *Critique de la raison pure.*
1783 : Lavoisier analyse la composition de l'eau.
1785 : Mozart, *les Noces de Figaro.*
1786 : mort de Frédéric II de Prusse.
1787 : *Critique de la raison pure,* 2e édition; Schiller, *Don Carlos ;* Mozart, *Don Juan ;* Goethe, *Egmont.*
1789 : à Paris, prise de la Bastille, Déclaration des droits de l'homme et du citoyen.
1790 : Mort de l'empereur Joseph II. Kant, *Critique du jugement.* Goethe, *Faust, Fragment.*
1792 : Bataille de Valmy. La Convention. Fichte, *Essai d'une critique de toute révélation.*
1793 : La Terreur. Exécution de Louis XVI. Kant, *la Religion dans les limites de la simple raison.*
1794 : Condorcet, *Esquisse d'un tableau historique des progrès de l'esprit humain.* 27 juillet (9 Thermidor, an II), chute de Robespierre.

En 1788, après son diplôme d'études secondaires, Hegel entre au séminaire de théologie protestante *(Stift)* de Tübingen, où il étudie jusqu'en 1793. Il s'enthousiasme pour la Révolution française dont, toute sa vie, il célébrera l'anniversaire chaque 14 Juillet ; il se lie d'amitié avec Hölderlin et Schelling, lit Rousseau *(Emile, Du contrat social).* En 1793, il soutient sa dissertation devant le consistoire du séminaire et renonce à l'état de pasteur. Sans ressources, il devient précepteur privé, d'abord à Berne, puis à Francfort-sur-le-Main, écrivant en 1795-1796 une *Vie de Jésus,* en 1799 *l'Esprit du christianisme et son destin.* Son père meurt en 1799.

1796 : Schelling, *Lettres sur le dogmatisme et le criticisme.*
1797 : victoires du général Bonaparte en Italie : Arcole, Rivoli. Paix de Campo-Formio.
1798 : expédition d'Egypte. Malthus, *Essai sur le principe de la population.*
1799 : Fichte, *la Destination de l'homme.* En France, coup d'Etat de Bonaparte (9 nov.-18 Brumaire, an VIII). Consulat.

En 1801, Hegel soutient une thèse d'habilitation sur *les Orbites des planètes,* qui lui permet d'être nommé *Privatdozent,* « professeur privé » à l'Université d'Iéna, situation médiocre et humiliante puisqu'il est appointé directement par ses étudiants. Il écrit *Sur la différence des systèmes de Fichte et de Schelling.* En 1802-1803, ayant fondé avec Fichte le *Journal critique de philosophie,* il y publie plusieurs articles : *Foi et savoir, Sur le rapport du scepticisme à la philosophie, Sur les manières de traiter scientifiquement du droit naturel.* Il travaille à un *System der Sittlichkeit, Système de la moralité sociale,* ou de la « vie éthique », qu'il ne publie pas. En 1805, sur la recommandation de Goethe, il est nommé « professeur extraordinaire » et travaille à la *Phénoménologie de l'esprit.*

1800 : Alexandre I, tzar de Russie. En France, Concordat. Création des lycées. Volta construit la pile électrique. Bichat, *Recherches physiologiques sur la vie et la mort.* Chateaubriand, *Atala.*
1802 : Paix d'Amiens. Cabanis, *Rapports du physique et du moral de l'homme.* Gay-Lussac étudie la dilatation des gaz. Chateaubriand, *Génie du Christianisme.* Young étudie les interférences lumineuses.
1804 : Napoléon, empereur des Français. Beethoven change la dédicace de sa troisième Symphonie, « A la mémoire d'un héros ». Code civil. Mort de Kant. Schiller, *Guillaume Tell.*

1805 : Austerlitz. Chateaubriand, *René*.
1806 : fin du Saint Empire romain germanique. Confédération du Rhin. Quatrième coalition. Bataille d'Iéna. Entrée des Français dans Berlin.
1807 : batailles d'Eylau et de Friedland. Entrevue de Tilsit, traité entre Napoléon et Alexandre I.

Achevée alors que tonne le canon d'Iéna et que Hegel voit l'empereur passer en revue ses troupes au petit matin, la *Phénoménologie de l'esprit* paraît en 1807. Hegel devient directeur d'un journal politique, la *Gazette de Bamberg*, en Bavière. La censure s'acharnant sur la *Gazette*, Hegel renonce au journalisme et obtient, grâce à son ami Niethammer, conseiller scolaire du royaume de Bavière, un poste de directeur au lycée *(Gymnasium)* de Nuremberg. Il y restera jusqu'en 1816. Administrateur soucieux de la discipline et des contenus d'instruction, comme le prouvent les discours qu'il prononce à l'occasion de ces fonctions, il assume un cours de philosophie (qui sera la *Propédeutique philosophique*), à raison de douze heures hebdomadaires, mais il remplace aussi les professeurs et enseigne les mathématiques et le grec. Au cours de ces années de travail intense, Hegel rédige *la Science de la Logique*, pièce maîtresse du système qu'il cherche depuis ses premières tentatives philosophiques. La première édition paraît en 1812 à Nuremberg. En 1811, Hegel a épousé Marie von Tucher dont il aura deux fils, Karl et Immanuel.

1808 : soulèvement espagnol contre l'occupation française. Fichte, *Discours à la nation allemande*. Goethe, *la Tragédie de Faust*.
1809 : cinquième coalition, bataille de Wagram ; Napoléon annexe les Etats de l'Eglise et fait arrêter le pape Pie VII. Mort, à Vienne, de Haydn.
1810 : insurrection des colonies espagnoles. Napoléon épouse Marie-Louise d'Autriche. Madame de Staël, *De l'Allemagne*.
1811 : réformes libérales en Prusse.
1812 : campagne de Russie. Byron, *Childe Harold*.
1813 : bataille « des nations » à Leipzig. Naissance de Kierkegaard, de Wagner, de Verdi. Schopenhauer, âgé de vingt-cinq ans, obtient le grade de docteur

à l'Université d'Iéna avec sa thèse, *De la quadruple racine du principe de raison suffisante.*

1814 : campagne de France. Abdication de Napoléon le 6 avril. Congrès de Vienne. Schopenhauer écrit, à l'instigation de Goethe, un traité *De la vision et des couleurs*.

1815 : les Cent-jours. Bataille de Waterloo (18 juin). Seconde abdication de Napoléon. Déportation à Sainte-Hélène.

En 1816, Hegel est nommé professeur à l'Université de Heidelberg. Il publie l'année suivante, à l'usage de ses auditeurs encore rares, le *Précis de l'Encyclopédie des sciences philosophiques* (2e éd., 1827, 3e éd., 1830) ; c'est l'exposé complet du système, qu'il enrichira d'additions et de remarques explicatives. En 1818, il est nommé professeur à l'Université de Berlin, dans la chaire de Fichte, vacante depuis 1814.

1817 : Ricardo, *Principes d'économie politique.*

1818 : Schopenhauer publie *le Monde comme volonté et comme représentation.* Naissance de Karl Marx.

1821 : insurrection grecque contre l'empire ottoman.

1822 : insurrection et répression en Espagne et au Portugal. En Grèce, massacres de Chio. Champollion déchiffre les hiéroglyphes.

1823 : Beethoven, *IXe Symphonie*. Aux Etats-Unis, déclaration de Monroe repoussant toute intervention européenne dans les affaires de l'Amérique.

1824 : Delacroix peint *le Massacre de Scio.*

1825 : Saint-Simon, *le Nouveau Christianisme.*

1827 : bataille de Navarin, destruction de la flotte turque. Victor Hugo, *Cromwell.* Goethe, *Second Faust.* Mort de Beethoven.

1829 : Fourier, *le Nouveau Monde industriel et sociétaire.* Hugo, *les Orientales.*

1830 : révolution à Paris, chute de Charles X ; Louis-Philippe, roi des Français. Gouvernement autonome en Pologne. Indépendance de la Grèce. Controverse entre Cuvier et Geoffroy Saint-Hilaire sur le transformisme. En Angleterre, chemin de fer Liverpool-Manchester. Auguste Comte : *Cours de Philosophie positive,* 1er tome.

1831 : répression russe en Pologne. Révolte des canuts lyonnais. Stendhal, *le Rouge et le Noir.* Hugo, *Notre-Dame de Paris.* Epidémie de choléra en Europe.

A partir de sa nomination à Berlin, Hegel, dont la notoriété s'étend à l'Europe entière, développe et éclaire dans son enseignement les moments du système : 1819-1828, leçons sur l'*Histoire de la Philosophie.* 1820-1829, leçons d'*Esthétique*. En 1821, il publie les *Principes de la Philosophie du Droit.* De 1822 à 1830, il consacre ses leçons à la *Philosophie de l'Histoire.* En 1827, il se rend à Paris où il rencontre Victor Cousin. Elu recteur de l'Université de Berlin en 1829, Hegel meurt le 14 novembre 1831, victime de l'épidémie de choléra.

INTRODUCTION

I. L'esthétique : l'art, œuvre de l'esprit

Dans le développement consacré au « Caractère général de la peinture », seront successivement étudiés le contenu propre à cet art, les matériaux physiques qu'il requiert et l'exécution technique qui convient à ce contenu et à ces matériaux.

En effet, qu'est-ce que l'art, sinon le travail d'un matériau, par lequel l'art se réalise dans une *œuvre* ? Il n'y a pas d'art là où il n'y a pas d'œuvre. Mais, d'autre part, l'œuvre est le fait d'un être intelligent qui se représente une fin, qui agence des moyens au service de cette fin ; un tel être pense et l'œuvre d'art appartient au domaine de la *pensée* : c'est une pensée qui a pris *forme*.

Avec la peinture, dont les œuvres, comme le monument ou la statue, ont une réalité physique durable, l'art commence toutefois à s'affranchir de la matière. Certes, l'œuvre picturale n'atteint pas encore à l'immatérialité de la composition musicale ou du poème : ces dernières, structures idéales, dépendent d'une *exécution* temporelle qui consiste en sons, successifs ou simultanés, tendant à s'effacer au profit du sens. Leur matériau n'est plus qu'un souffle modulé. Que le soin de la forme s'y évanouisse, il n'y a plus d'art; fin de l'art, le langage en est aussi la mort. Néanmoins, la peinture affirme le processus par lequel, en raison inverse de la matérialité de l'œuvre, l'idée s'exprime de plus en plus : l'architecture, d'abord réalité spatiale et matérielle, chose parmi les choses dans le monde, appartient encore à la nature ; la pyramide se dresse telle une montagne que les hommes auraient édifiée selon la parfaite géométrie; les obélisques, les fûts des colonnes semblent s'élancer comme les troncs d'arbres dans la forêt.

Il faut, certes, un poète pour inventer la métaphore, pour dire que « la nature est un temple » et pour en évoquer les « vivants piliers » [1] ; cependant il faut aussi que le temple ait été lui-même comme une seconde nature, dont le principe

1. Baudelaire, *les Fleurs du mal*, 1861, Spleen et idéal, IV, « Correspondances ».

organisateur n'était plus intérieur, mais extérieur aux matériaux. Selon la formule d'Aristote, la nature est un principe immanent agissant dans l'être même où il réside, tandis que l'art est un principe extérieur, agissant en autre chose [1] ; la Nature fait l'arbre, mais non le bateau [2]. Avec l'art, le principe organisateur est en l'esprit de l'artiste. Ce dernier s'est représenté le monument, il en a mesuré les proportions, il a veillé à l'équilibre et à la résistance des matériaux.

Cependant, dans l'œuvre d'art architecturale, l'idée est comme enfouie sous sa réalisation ; le monument, d'abord, existe comme masse. Les lois de la pesanteur président à sa construction et à sa conservation. Il ne tient que parce que sa chute s'empêche elle-même. Une pensée a commandé ici, mais en obéissant encore à la Nature. Par cette sorte de ruse, la matière pesante est asservie à une fin de l'esprit, tandis que l'esprit qui commande à la matière doit, pour parvenir à cette fin, lui obéir.

La statue, déjà, semble s'adresser à un *spectateur* qui la contemple ; au lieu d'évoluer à l'intérieur de l'œuvre architecturale (temple, théâtre, palais) ou de la regarder du dehors, le spectateur peut *tourner autour* de la statue ou, du moins, se déplacer pour la voir tout entière sous divers angles. Encore *matière* façonnée selon les trois dimensions de l'espace, comme le monument, elle s'adresse cependant au spectateur en lui présentant une *forme*, et cette forme est, le plus souvent, celle du corps qu'habite l'esprit, la forme de l'artiste humain lui-même.

Architecture et sculpture méritent pleinement le nom d'arts *plastiques* en ce qu'elles produisent leurs formes dans l'espace réel. Tel n'est plus le cas avec la peinture ; comme elle ne se déploie qu'en une *surface*, son moyen d'expression est la pure *apparence* ; l'œuvre d'art picturale ne produit plus des phénomènes réels, mais comme une allusion à l'apparence qu'offrent les phénomènes au sujet humain qui les perçoit. Ainsi le visible s'y trouve-t-il mis en question par le moyen même de ce qui rend visible : la *lumière*. « L'art de peindre n'est que l'art d'exprimer l'invisible par le visible », écrit un peintre qui fut aussi un romancier, Eugène Fromentin. Or la lumière du tableau ne lui est pas

---

1. Aristote, *Métaphysique*, λ, 7, 1070 a 7.
2. Aristote, *Physique,* II, 8, 199 b 30.

extérieure, comme celle qui vient éclairer du dehors le temple ou la statue : elle semble en *émaner*. Alors que l'éclairage met en valeur les formes des œuvres plastiques, la lumière rayonne à partir du tableau : plus spirituel que la statue et le monument, il a en lui-même son centre. Dans la peinture devient sensible l'*auto-suffisance* de l'art, qui donne à comprendre l'évolution de tout art vers ce que nous connaissons aujourd'hui : l'art ne demande qu'une attention à l'art en tant que tel ; le tableau ne se substitue à aucune réalité extérieure, la musique encore moins et la poésie ne dit que la poésie : l'art plaît par lui-même. Cette tendance indique-t-elle le sens même de l'art ? La *Critique de la faculté de juger* de Kant, avec l'idée d'un plaisir esthétique désintéressé, semble avoir théorisé le jugement que l'homme moderne porte sur les œuvres d'art. Mais il fut un moment de l'art où l'œuvre véhicula un sens et des *intérêts* tels qu'elle n'était peut-être pas considérée comme une œuvre, mais comme un acte de ferveur ou de civisme, comme un discours, comme la manifestation des préoccupations les plus sérieuses et les plus liées à la vie humaine.

Les leçons d'*Esthétique* ont le mérite de nous faire ressouvenir de cela : ce mouvement même du matériel au spirituel, de l'expression la plus pauvre par les moyens les plus imposants au sens le plus riche dans le support sensible le plus fugitif, permet de moins mal entrevoir, peut-être, ce que Hegel veut dire lorsqu'il parle de l'*Esprit*, et notamment de l'Esprit *« absolu »*. Il ne s'agit pas d'un processus d'*abstraction*, car le plus abstrait est au commencement et le plus concret ne s'atteint que par un approfondissement, une série d'actes et d'œuvres. Le riche développement, la croissance, par exemple de la plante, contient et révèle progressivement ce dont la graine était porteuse. Le germe n'est qu'abstraitement une plante, de même que l'enfant n'est qu'une promesse de l'homme qu'il est appelé à devenir. L'Esprit se produit lui-même, mais il ne se connaît qu'au terme de cette extériorisation hors de soi.

L'esprit à la reconquête de soi-même

L'art entreprend la reconquête de l'esprit par lui-même où s'illustre l'être même de l'esprit ; la vocation de l'esprit, en effet, n'est pas de servir, il doit comprendre et se comprendre lui-même. Alors, il découvre que ce qui lui apparaît d'abord comme extérieur et opposé, l'objet, ne lui est pas étranger, mais lui appartient. La méthode, telle que la connaissance philosophique la met au jour sans l'inventer ni l'imposer du dehors à quelque objet, est donc celle d'une compréhension qui, en s'approfondissant, découvre sa nécessité : son chemin lui est tracé. Elle n'a pu commencer que parce qu'elle était déjà : pour désirer comprendre, il faut déjà se savoir esprit, ou du moins se pressentir tel. A l'esprit, l'idée de soi est présente dès les commencements les plus pauvres ; il lui appartient de se rassembler, de parcourir la série de ses figures, en une reprise infinie. Hegel appellera à juste titre *Encyclopédie* l'ouvrage où il présente systématiquement la substance de son enseignement ; le système y retrace cette formation de l'esprit qui parcourt le cercle du savoir sans qu'il y ait pour lui une stérile répétition du même car il accomplit un *recommencement* toujours nouveau.

L'abstraction ordinaire considère l'esprit séparément de ses œuvres comme une réalité finie. Ainsi font les « psychologues ». La vraie psychologie, ce sera l'art, la religion et enfin la philosophie (qui ne sépare pas plus l'esprit de ce qui le porte – la Nature – que des actes par lesquels il s'éclaire lui-même, œuvres, représentations, croyances et signes).

Réconcilier

La philosophie assume la tâche de réconcilier vraiment l'esprit, prompt à s'indigner, avec la réalité à laquelle il s'oppose après l'avoir rencontrée comme un *objet*, ou sous la forme d'une *autre* conscience. Il ne s'agit pas de *consoler* l'esprit devant le spectacle de l'injustice et du mal dans le monde, ou de lui faire oublier que la souffrance et la mort de l'individu sont le lot de l'être vivant : toute consolation comporte une part de renoncement. La paix véritable ne peut surmonter cette scission (entre les consciences opposées, entre l'idéal et le réel, entre le fini et l'infini) qu'en en comprenant la nécessité (le développement de l'Esprit). Selon la formule illustre et source de bien des malentendus qui ouvre les *Principes de la philosophie du droit,* « Ce qui est rationnel est effectif, et ce qui est effectif est rationnel »[1], ou encore, ce qui est raisonnable est réel, ce qui est réel est raisonnable. Réel n'y signifie pas « existant », et il ne s'agit pas par là de justifier tout événement, tout phénomène empirique. Aristote fait remarquer que le savant, devant certains animaux qui nous dégoûtent (insectes, animaux marins), comprend leur agencement et la convenance des organes qui les composent et y éprouve un vif plaisir[2]. Pourquoi, alors qu'on admet que la nature doit bien être connue telle qu'elle est et qu'une rationalité s'y trouve présente, désespérer de l'univers spirituel (les actions et les œuvres des hommes), déclarer que toute rationalité s'en est retirée et qu'il est livré au hasard ? Pour entrer dans la philosophie, il faut donc accepter de prendre l'esprit pour ce qu'il est réellement, à l'œuvre en tout, et non pas *ailleurs*, retiré des actions et des pensées. Là encore, Aristote nous a instruits : venir devant le juge, c'est venir devant une justice vivante[3] ; et Alain commente parfaitement l'idée selon laquelle l'esprit non seulement ne plane pas sur l'histoire comme il plane sur les eaux, mais en fait la trame, car il en est le seul principe : « Cela revient à dire que l'esprit juridique est plutôt dans le juge que dans le théoricien du droit, que l'esprit politique est plutôt dans le roi que dans l'historien, que l'esprit corporatif est plutôt dans l'artisan fidèle à son métier que dans l'orateur qui annonce l'avenir des corporations, enfin qu'il y a plus de pensée réelle dans l'œuvre d'art que dans le critique »[4].

D'abord, l'esprit s'apparaît à lui-même alors qu'il est en un *sujet*, être vivant singulier qu'affectent des sentiments et des représentations. Présent *en* un individu, mais non *à* cet individu, l'esprit « subjectif » émerge de cette vie organique à laquelle aboutit la nature. La nature trouve dans l'organisme son aboutissement, par lequel elle se rapproche déjà de l'esprit en une esquisse imparfaite ; l'organisme, en effet, se rassemble, coordonne des fonctions au service de sa vie, se reproduit selon l'espèce ; mais il s'efface devant la survie de l'espèce, il ne lutte victorieusement contre la

1. Hegel, *Principes de la philosophie du droit*, Préface, trad. R. Derathé et J.-P. Frick, Paris, Vrin, 1982, p. 55.
2. Aristote, *Des parties des animaux*, I, Ch. 5, 645 a.
3. Aristote, *Ethique à Nicomaque*, V, 7, 1132 a 20-21.
4. Alain, *Idées*, Hegel, Paris, Hartmann, 1939, p. 268.

dispersion naturelle qu'un court laps de temps. La vie contient la mort, dans tous les sens du verbe contenir.

L'Esprit en un sujet : Esprit « subjectif »

Comme Aristote, Hegel appelle « âme » le moment où l'esprit encore dépendant des conditions de la vie à laquelle il est lié, souffre, ressent, pressent. Ces premiers moments de l'Esprit assujetti en individu forment une « anthropologie », car l'homme se distingue des animaux en ce qu'il n'est plus lié à un milieu naturel, réduit à ce qu'il sent, asservi aux besoins. S'élevant à la *conscience,* il va devenir sujet, s'opposant à l'objet sur lequel porte son désir. Mais cet objet, il ne suffit pas à la conscience de le détruire, par exemple en se l'incorporant dans une consommation. La conscience est d'abord et toujours irritée de ce qu'elle *trouve* et de ce qu'elle *est*. Vouée à la scission, elle ne peut demeurer identique à soi dans l'égalité vide qu'exprimerait la proposition Moi = Moi. Son désir authentique, dès qu'elle accède à la conscience *de soi,* c'est d'être reconnue par une autre conscience de soi ; seule la reconnaissance par une autre conscience a du prix pour une conscience. Avec l'autre conscience se produit la lutte pour la reconnaissance où chaque individu met sa vie en jeu afin d'être reconnu comme une personne ; alors qu'immédiatement les consciences de soi sont enfermées dans la vie, la lutte va forcer la conscience de soi à s'affirmer au-dessus de son appartenance à la nature. Le maître, qui surmonte la peur de la mort un instant de plus que son adversaire, s'est affirmé d'abord maître de soi-même, esprit en ceci que l'esprit ne tient à rien, ne s'attache à rien. L'esclave, qui a supplié d'être maintenu en vie (épargné, *servus*), s'est fait essentiellement esclave de la vie, enchaîné à soi. Ils forment désormais deux figures liées par la réciprocité : pourtant, rien de définitif dans cette relation inégale, paradigme de toute inégalité. Un renversement se produit, qui révèle l'humanité véritable du côté de celui qui travaille et non de celui qui jouit. Tandis que le maître ordonne par des signes et consomme ce que l'esclave a préparé, il devient l'esclave de l'esclave. Il ne vit plus que pour jouir tandis que l'esclave acquiert la réelle maîtrise des choses par le travail. En affrontant les choses, qu'on ne peut ni prier, ni effrayer, l'esclave apprend à penser ses actes, à façonner une nature étrangère, à refréner ses désirs selon une éducation de soi-même. L'homme, maintenant, c'est le travailleur ; le maître demeure voué au caprice et à l'inconsistance, ou bien doit à nouveau risquer sa vie dans la lutte.

Cet épisode donne à penser, non une histoire qui serait survenue comme un ensemble d'événements dans un passé plus ou moins lointain, mais, en sa structure intelligible, la relation de conscience à conscience. On en peut bien conclure que l'Histoire sera histoire des travaux et lutte pour l'accession de tous ceux qui travaillent à la reconnaissance juridique, ou citoyenneté. C'est une vérité encore abstraite, mutilée, si l'on ne considère pas les réelles médiations qui définissent la vie humaine. L'esprit ne peut se connaître lui-même sans épreuves ni sans œuvres. Il lui faut s'accomplir dans ses *actes*, se scinder pour apparaître.

L'Esprit dans ses œuvres. Esprit « objectif »

Ce second moment est celui de l'Esprit justement appelé « objectif » puisqu'il réside dans des mœurs, des coutumes, des travaux, des échanges économiques, des institutions, dans le droit. Car fonder une famille, élever des enfants, exercer un métier, venir devant le juge pour trancher un conflit sans recourir à la violence, ce n'est pas affaire de préférence subjective. La justice n'est pas réelle en l'idée que chacun s'en fait, il faut bien qu'elle s'incarne ici-bas et trouve la force de s'appliquer. La véritable condition en réside dans l'Etat; hors de l'Etat, il n'est que vengeance sans fin, comme on l'apprend par la tragédie grecque. La justice *instituée* ne venge pas, mais punit. Dans ces institutions, il y a des pensées, des rôles, des jugements sur ce qu'il faut faire et ce dont il faut s'abstenir sous peine de sanctions elles-mêmes prévues, définies et mesurées universellement par le droit sans faire acception des personnes. Etant la substance concrète de l'individu libre, le droit ne s'apparente ni à une recommandation ni à une exigence, parce qu'il est le droit d'un *Etat*. Cela ne revient pas à dire que l'Etat soit le tombeau de l'esprit et qu'il n'y ait rien au-dessus de lui ; l'esprit ne s'y enferme pas et n'y disparaît pas ; au terme de son objectivation, il y a l'Histoire universelle, histoire du monde sans laquelle les Etats s'endormiraient dans la suffisance illusoire de leurs hégémonies régionales ; la rivalité les conduit à s'opposer, montrant par là qu'aucun Etat ne clôt sur lui l'Histoire universelle. En un autre plan recommence la lutte pour la reconnaissance : un Etat qui se dérobe à la nécessité d'exposer son existence périt et passe sous le joug d'un autre. Dans l'histoire, les périodes de vie paisible sont des pages blanches. Loin de voir ici l'apologie de la guerre et de l'impérialisme, comprenons que la sanction du Monde menace tout Etat qui prétendrait s'isoler du monde. Le jugement de l'histoire est jugement *du monde,* ce qui ne veut pas dire que le monde soit la suprême réalité. Car si l'esprit se comprend dans le drame historique de l'affrontement des Etats, ce n'est pas l'histoire elle-même, ni les agents historiques, même les grands hommes, qui détient la vérité sur l'histoire ; ce sera la philosophie. Hegel comprend ce que signifie l'action de Napoléon, tandis que Napoléon passant en revue les penseurs en renom, de Goethe à Jacobi, ne leur pose que des questions extérieures à l'ordre de leurs raisons, au cheminement de leur recherche ; de même avait-il, depuis Paris, demandé un *résumé* de l'œuvre critique de Kant. Or la philosophie ne se résume pas, il lui faut s'accomplir par le travail de l'esprit sur lui-même ; ce travail, qui, assurément, s'effectue à la faveur des civilisations et dans les Etats historiques, les dépasse et permet de les penser mieux qu'ils ne se sont pensés. C'est celui de l'art, de la religion et de la philosophie.

L'Esprit qui se comprend soi-même : Esprit « absolu »

A l'opposé de tout « absolutisme », l'esprit absolu accomplit une tâche infinie de libération par la compréhension. Loin d'ériger ce qui est fini en absolu, il pense le dépassement de toute finitude. Ainsi, ce n'est pas la cité grecque qui dit la vérité sur elle-même ; il y faut les œuvres de la sculpture et la pensée du philosophe. Par Phidias, puis par Platon et Aristote, nous comprenons la cité grecque mieux que ne la comprennent guerriers et orateurs. Par Franz Hals et Terborch, puis par Hegel, nous comprenons la libre Hollande mieux que ne la comprenaient drapiers, matelots et banquiers.

L'art est le premier moment de cette libération parce que l'Esprit doit se libérer et se comprendre en des œuvres elles-mêmes libérées de l'usage immédiat ; les fruits de la nature morte n'étanchent pas la soif, les paysages enneigés ne nous invitent pas à nous couvrir par précaution, les scènes de bataille ne blessent pas les spectateurs de balles perdues : l'intérêt que nous prenons à l'œuvre d'art ne va pas sans une sorte de détachement que Hegel qualifie d'« ironique », ce qui signifie une recherche interrogative.

Or, en tant qu'*œuvres*, les produits de l'art empruntent à la nature leurs matériaux et leurs formes. Le Beau artistique est *fait*. A cet égard, l'art comporte encore de l'extériorité. Le contenu, l'Idée, ne s'y retrouve jamais dans sa pureté, mais toujours sous quelque forme et en quelque matière. La matière, pesante, n'a pas en elle-même son propre centre ; elle tend vers ce qui lui est extérieur. L'esprit, au contraire, a en lui-même sa substance. Alors que la substance de la matière est la pesanteur, la substance de l'esprit est la liberté, le rassemblement vers soi.

Art, religion, philosophie

Une analogie donne à penser le rapport de ces trois moments, ou de ces trois étages ; l'art est à la religion ce que celle-ci est à la philosophie : le premier moment fournit images, récits, représentations, le second les pense. La philosophie, qui dit le vrai de l'art et de la religion, ne réfléchit pas sur un sens diffus, mais sur des formes : d'abord œuvres objets, puis œuvres de discours et de pensée. Le contenu de ces deux sortes d'œuvres est toujours de la pensée. Ce que l'art donne à voir ou à entendre, la religion le raconte, le célèbre dans ses rites, elle en fait le contenu d'une commémoration fervente. La religion a pour contenu le rapport de l'homme avec l'absolu, des pensées sur le divin, mais encore enveloppées de métaphores et d'analogies, agencées en récits ; ainsi la Bible parle-t-elle d'un Dieu créateur du Ciel et de la Terre, « terrible », « juste », aux « décrets impénétrables », jaloux, etc.

D'abord la religion honore les différentes forces et formes naturelles (la lumière, la plante, l'animal), à moins qu'elle n'honore un absolu indéterminé. Avec la religion grecque, le divin est *représenté* sous la forme des dieux de la cité, porteurs de passions et de défauts, et *figuré* dans une beauté humaine idéalisée par les artistes. Cette religion, civique et artistique, ne pose pas le problème de la destinée individuelle, du salut.

Le judaïsme et le christianisme placent au centre de leurs préoccupations un Dieu personnel et créateur, mais avec des représentations différentes du rapport de l'homme à ce Dieu unique. Pour l'Ancien Testament, Dieu est l'absolu, un être transcendant, séparé et tel qu'aucune figuration ni même aucun nom ne lui conviennent. Entre Lui et les créatures, la distance demeure infranchissable. La médiation entre Dieu et les hommes s'effectue par le christianisme, religion qui repose sur le dogme de l'incarnation; Dieu s'est fait homme, il a épousé la condition humaine, est né d'une femme ; comme un homme, il a travaillé et il est mort dans la souffrance et la détresse. Cette religion se soucie de la destinée personnelle des hommes, indépendamment de leurs particularités, de leurs appartenances nationales ou sociales : il n'y a plus ni Grecs, ni Romains, ni Juifs, ni hommes libres, ni esclaves, mais des enfants de Dieu. Chaque individu se sait maintenant l'objet d'un amour infini. Cette religion doit être considérée comme « dialectique » ou « absolue » en ce qu'elle reprend, éclaire et surmonte les tensions qui habitaient les précédents moments de la religion.

La vérité philosophique n'est donc pas une vérité solitaire, surgie d'un désert ; elle est la pensée vraie de l'art et de la religion, dans le concept et non plus dans les œuvres ou les représentations. Pour la spéculation, c'est-à-dire pour la philosophie, il n'y a plus de séparation entre la pensée et la réalité. Le concept est cette unité du contenu et de ses formes, l'universel concret que l'art et la religion cherchent dans leurs œuvres et leurs représentations.

Ils ne l'ont pas *vainement* recherché, et même il faut penser qu'ils l'ont trouvé. Mais seule la philosophie peut le savoir (elle est le savoir absolu) et comprendre pourquoi ils l'ont trouvé sous de telles formes qui leur sont spécifiques.

C'est elle qui va, plus haut moment de l'esprit absolu, connaître le sens de ce retour de l'Esprit à soi-même : l'Esprit, qui est un éveil à partir de la Nature – il y était exilé –, se retire d'abord en soi-même, mais dans des *œuvres*. Ces œuvres manifestent un premier détachement de l'Esprit, car l'art n'a pas pour fin de produire un *fac-similé* des êtres naturels. Un tel acte, parfaitement vain, ennuierait plus encore qu'il ne divertirait ; en vérité, l'art correspond à un intérêt de l'Esprit qui ne se satisfait pas d'une copie de la nature, pas plus que d'une beauté trouvée, immédiate, mais attend de se retrouver dans ses propres créations.

L'Esthétique, déchiffrement de symboles

Science du Beau artistique, l'Esthétique sait que dans les œuvres d'art, l'esprit se prend lui-même pour objet. Pour accéder à ce savoir, elle doit appartenir à la Philosophie, c'est-à-dire au moment, suprême, de l'Esprit absolu où celui-ci ne se satisfait plus entièrement de se retrouver dans les formes, mais se pense lui-même en lui-même. Science du Beau produit par l'art, l'Esthétique comprend que « les intérêts de l'art » sont « presque les mêmes que ceux de l'intelligence » [1]. Elle explicite cette parenté et cette différence : *presque*, car l'art occupe le milieu entre le sensible et la pensée. Par là, tout art est *symbolique*, et toute esthétique, déchiffrement de symboles.

Qu'est-ce qu'un symbole ? Une médiation entre le sensible et l'intelligible, entre le signe et le sens. Ainsi, le lion peut-il symboliser le courage, le renard, la ruse, le cercle, l'éternité, le blanc, la pureté. Il n'y a ici aucune ressemblance, car le sens, précisément, hors du symbole, n'a pas d'apparence. Le symbole ne représente donc pas le sens d'une manière assignable. Cependant, il n'est pas non plus *arbitraire*, étranger à l'idée qu'il manifeste. Le symbole est signe, mais non un signe indifférent à ce dont il serait le signe, plutôt un signe qui dans son extériorité même comprend le sens de la pensée qu'il fait apparaître. L'art ne *dit* pas, comme le langage ; il *signifie*, non sans équivoque. L'art a pour élément la profondeur équivoque propre aux symboles : un taureau symbolise-t-il la force ou l'agriculture ? Explicitement, le symbole renferme peu, implicitement, beaucoup, non par quelque maladresse dans les moyens mis en œuvre, mais par l'inadéquation propre à ce mode de

---

1. Hegel, *Introduction à l'Esthétique*, II, traduction S. Jankélévitch, Paris, 1944, rééd. Aubier-Montaigne, 1964, p. 89.

présentation. Etant symbolique, tout art résout à sa manière, unique, un conflit entre le « fond » et la « forme ». Ce que « veut dire » l'artiste, il l'a dit ; nulle explication, nul commentaire extérieur et ultérieur, fût-il celui de l'auteur en personne, n'éclairera davantage.

Sans doute, la Religion et la Philosophie reprennent, chacune en son élément (récits, croyances et sentiments, puis concepts), ce sens immanent aux œuvres ; mais il est déjà parfaitement ce qu'il doit être en son plan : l'art se suffit à soi-même et suffit à l'Esprit tant que l'Esprit se contente du silence et de l'énigme en ce qui *apparaît*. L'apparence, loin d'être quelque chose d'inessentiel, constitue au contraire un moment capital de l'essentiel. La colonne, la statue, le tableau, muets, l'œuvre musicale, la poésie, sonores mais encore tenues par une forme, ne laissent pas à l'Esprit la liberté de s'opposer à soi-même dans son élément, le Concept. L'Idée ne surplombe pas ces œuvres. Prise en elles, elle se montre sans se reconnaître encore. Conformément à sa vocation, l'Esprit, par l'Art, commence à se *connaître soi-même* et à surmonter les oppositions qui le déchirent entre l'Idée et le sensible, le particulier et l'universel, le corps et l'âme, la forme et le fond, etc. Ces oppositions, que la philosophie pense et résout par l'affrontement des *concepts*, l'art les résout dans le fait de l'œuvre, de telle sorte qu'il semble n'y avoir en lui que des solutions sans problème ; même si, pour l'artiste, à chaque œuvre nouvelle, tout est remis en question par cette sorte d'épreuve de vérité qu'est le *travail*. Selon le mot de Balzac, le peintre ne doit méditer que les brosses à la main.

Art symbolique, classique, romantique

Art symbolique

Si tout art symbolise, il faut particulièrement nommer « art symbolique » ce fondement de tout art, le plus proche de la nature et des besoins spécifiquement humains, l'*architecture*. L'homme seul bâtit ; en effet, on ne saurait appeler architecture les produits de l'instinct qui, pour une espèce animale donnée – castor, abeille –, guide celle-ci vers des effets toujours identiques et caractéristiques ; mais encore, ce que l'homme bâtit après l'avoir projeté, il le *contemple* et s'y retrouve. A la fin d'habitation s'ajoutent celles du rassemblement et de la commémoration. Les tombeaux, par exemple, réunissent autour d'eux les vivants qui commémorent les disparus. Sorte de langage solennel qui constitue l'ébauche de la religion (*Religio*, de *religare*, rassembler : « rassemblement »). L'homme adore ce qu'il façonne ; l'idolâtrie est le premier moment de la religion car la vie humaine consiste à faire, à aimer, et à aimer ses œuvres. Comme un signe gigantesque, le monument *avertit,* admoneste (*monumentum*, de *moneo*, avertir) : ainsi la tour de Babel, que dans la plaine de l'Euphrate, les rescapés du Déluge édifièrent en signe de ralliement ; ainsi le signe des signes, la pyramide, simple cristal géométrique enfermant le mort et invitant à l'honorer comme individualité corporelle mais aussi spirituelle. L'art égyptien offre un exemple frappant de cette recherche de l'esprit par lui-même : outre les pyramides, il multiple les énigmes de ses obélisques, cadrans solaires ou symboles de la fécondité, les figures colossales et sans expression où la forme humaine n'a pas encore pleine suprématie sur la forme animale. Dans le sphinx s'accomplit le symbole même de cet art énigmatique ; mi-animal, mi-humain, le sphinx, corps de lion terminé par une tête de femme, symbolise l'effort de l'esprit pour s'arracher à la forme animale et manifester la spiritualité dans une forme belle. Le mythe grec d'Œdipe rapporte la question que le monstre adresse aux voyageurs : qui marche le matin sur quatre pieds, à midi sur deux et le soir sur trois ? La réponse d'Œdipe, « c'est l'homme », donne à penser le passage de l'art symbolique à l'art classique : désormais l'art explicitera l'essence de l'homme en montrant la beauté de la forme humaine.

Art classique

L'art *classique* atteint l'unité de l'esprit et du corps dans la forme du corps humain. Comme le latin le rappelle, forme, c'est beauté *(forma)*. Alors que dans l'art symbolique toute figure, au lieu d'avoir sa propre signification, signifie autre chose avec quoi elle présente des rapports d'affinité ; dans l'œuvre classique, sens et forme coïncident parfaitement. La beauté a sa signification en elle-même et ne signifie rien d'autre qu'elle-même. C'est pourquoi la forme humaine constitue son centre et son contenu ; le corps humain révèle le spirituel d'une façon sensible, non seulement dans le visage, mais aussi dans le maintien, la posture du corps. La station droite transforme les membres antérieurs en bras et mains, la face en visage ; libération qui, Aristote y insiste, manifeste en l'homme un être voué essentiellement à méditer et à connaître, non à assouvir des besoins vitaux. La vie d'un tel être se pense elle-même dans son auto-suffisance ; elle « convient à soi-même » [1].

Sereine, la statue représente l'être spirituel dans sa forme corporelle que rien ne trouble. L'art grec, apogée de cette expression de l'esprit, ignore donc ce qui soucie l'esprit, la particularité, le sentiment, la tension, l'effort, l'inquiétude. De même que la géométrie ne traite que de l'espace pur universel, la sculpture classique n'a pas pour objet l'individualité *particulière*; la statue n'a donc vraiment pas de *regard* et ne requiert pas la *couleur* qui particularise. Elle regarde avec tout son corps, rendant évidente la paix entre l'âme et le corps. Cet équilibre parfait entre la forme et le fond fait de l'art classique un art des limites : l'intériorité tourmentée n'y a pas droit de cité, ni le combat, la souffrance, la mort ; la belle statue, le dieu olympien, l'homme ou la femme idéaux (Apollon, Aphrodite) ne sont pas des *sujets* ; la sculpture se déploie dans l'espace et obéit à ses exigences, la subjectivité requiert le temps. Les dieux immortels du Panthéon grec ne sont immortels que parce qu'ils ne vivent pas, étant exempts des particularités, des imperfections, des maladies, des souffrances, des inquiétudes propres à l'homme en tant que sujet singulier. On pense superficiellement lorsqu'on caractérise par l'« anthropomorphisme » la religion du beau ; du dieu grec, il ne faut pas dire qu'il est *trop humain* pour être vraiment dieu, mais bien plutôt qu'il ne l'est *pas assez*. Cet apogée dans la représentation de l'idéal est fugitif. Rien ne sera peut-être plus jamais aussi beau, mais l'Esprit ne peut trouver pleine satisfaction dans le beau idéal.

---

1. Paul Valéry, *Cimetière marin* :
« Midi là-haut, Midi sans mouvement.
En soi se pense et convient à soi-même... ».

Art romantique

Un roman est comme un archet, la caisse du violon qui rend les sons, c'est l'âme du lecteur.

STENDHAL, *Vie de Henry Brulard*, chap. 16.

L'art symbolique n'avait pas atteint l'adéquation du contenu et de la forme, il revêtait d'abstractions les formes naturelles extérieures ; l'art classique idéalise la forme du corps. C'est l'art « romantique » ou « chrétien » qui va exprimer les sentiments et le vouloir humains ; pour contenu, il a « tout ce qui s'agite dans l'âme, tout ce qui cherche à s'extérioriser dans l'acte [...] toute la vie des sentiments, tout le domaine de la particularité trouve ici sa place » [1]. En quel sens cet art a-t-il le même contenu que la religion chrétienne ? Celle-ci proclame que Dieu s'est incarné, qu'il a épousé la condition humaine, qu'il a travaillé, qu'il a souffert et qu'il est mort comme un *homme*. Cette représentation du divin est donc, par rapport à celle des Grecs, strictement *anthropomorphique*. De ce fait, la *beauté* ne constitue plus la fin ultime de l'art chargé d'exprimer ce bref moment, l'incarnation du divin ; la belle totalité d'un corps et d'un esprit que formait l'art idéal se dédouble en un esprit intériorisé et sa manifestation extérieure particularisée. Par l'expression, l'esprit, comme subjectivité, se sépare de lui-même et s'oppose, dans sa finitude, à l'infini. L'art peut dès lors représenter la mort et l'individualité dans toute leur signification. Ce ne sont plus des mutilations de l'universel, mais des épreuves pour sa réalité. Mourir, pour les héros de l'art grec, c'était disparaître, ou mener une vie amoindrie, comme s'en plaint Achille lorsqu'Ulysse, dans *l'Odyssée*, le rencontre aux Enfers. La mort, dans la religion chrétienne et l'art romantique, est un drame qui a pour enjeu le salut et la destinée éternelle de l'individu. L'art romantique accorde place à ce qui, par rapport à la vie immédiatement belle et maîtresse de soi (l'athlète, la jeune fille, le sage à la noble sérénité, les dieux grecs), est « laid » : irrégularité des traits où se signalent travers et penchants, stigmates de la maladie et de la vieillesse ; la

---

1. *Introduction à l'Esthétique*, III, éd. cit., pp. 169-170.

beauté, désormais, y devient l'expression forte, ou touchante, d'une intériorité consciente d'elle-même ; nous pressentons que cette individualité ne s'identifie pas avec sa manifestation corporelle extérieure : l'esprit devenu conscience individuelle, subjectivité, sait qu'il n'*est* pas ce corps auquel le lie sa condition d'être incarné, fini. Les auto-portraits de Rembrandt âgé montrent à la fois un visage dont la juvénile fermeté et la force vitale ont disparu, et un *regard* qui juge inessentielle cette modification temporelle : il voit au-delà. L'essentiel se tient à distance du monde naturel ; les apparences qui ne le manifestent plus qu'imparfaitement et fugitivement, sont comme une allusion à leur propre dépassement. Le temps a fait son irruption dans l'art et laisse entrevoir l'éternité.

Qu'il y ait un fond religieux propre à l'art romantique ne veut nullement dire que cet art se mette au service d'une religion historique donnée à laquelle la visée artistique se subordonnerait. C'est la visée proprement artistique qui a changé : la peinture, la musique n'y sont pas, en tant qu'arts, fonctionnelles ; au contraire, jamais l'art ne s'est autant affranchi de toute sujétion. La peinture d'une scène de nativité ou de crucifixion élargit à l'enfance humaine en général ou à la souffrance de l'individu en général le thème, fourni par la représentation religieuse, de la naissance du Christ dans la crèche entre le bœuf et l'âne et de sa mort où lui est infligé le supplice ignominieux des malfaiteurs. De même quand la musique accède à sa plénitude en tant qu'art « romantique », c'est sous la forme la moins liturgique qu'elle ait jamais prise. La musique liturgique (au service d'un culte) avait existé partout, de l'Egypte à la Grèce, mais la *Messe en Si mineur* de J.-S. Bach, le *Requiem* de Mozart, la *Missa solemnis* de Beethoven traitent le texte liturgique comme l'occasion d'exprimer musicalement les *sentiments humains*. Tel Rembrandt ou Rubens avec les formes, les couleurs, les contrastes d'ombre et de lumière, Beethoven, à la fin de son *Agnus Dei*, alors que vient d'être prononcé le nom de cette paix que la créature implore, et pour la rendre plus désirable encore, évoque la guerre par la voix de trompettes que Shakespeare appellerait « hideuses ». S'il s'agit d'une prière, sa ferveur n'est pas faite de mysticisme, mais de passion et même d'action ; les transports de l'âme, crainte, espérance, amour, ne s'y élèvent vers Dieu qu'à travers un combat ; le propre de l'art romantique est d'exprimer des tourments, ceux d'une subjectivité qui se sait vouée à l'infini et exilée dans le fini. Cette tâche s'effectue en trois formes d'art : la peinture, la musique et la poésie.

La peinture intéresse, mais non par l'existence réelle des objets présentés ou représentés ; au trait pascalien brocardant la peinture : « Quelle vanité, que la peinture, qui attire l'admiration par la ressemblance des choses dont on n'admire point les originaux ! »[1], le philosophe répond que l'art attire, en effet, notre attention sur des objets qui nous échappent dans la vie ordinaire, parce que l'objet extérieur n'y est pas considéré tel qu'il est perçu, mais comme l'*apparence de l'intériorité* : en une surface plane, et par des couleurs contrastées ou harmonieuses, l'objet absent est présenté tel que le verrait un *sujet*. Le tableau n'imite pas la chose représentée, il restitue le sujet à lui-même.

Si la peinture révèle au sujet l'acte de voir, la musique a pour tâche de « faire résonner l'âme » ; instantané, presque affranchi de toute matérialité, le son est frère de l'âme, qu'il entraîne dans un torrent de sentiments sans qu'elle puisse prendre conscience d'un objet fixe. Alors que les religions antiques étaient religions de l'espace, le christianisme est religion du temps : vivre et mourir ne font qu'un, voilà la leçon du temps. Sans doute la peinture, premier art romantique, tend vers la musique par sa quête du fugitif ; la musique, par l'accord, conduit l'âme à se pacifier, à laisser de côté l'arbitraire, la violence, l'insistance du bruit. Par la mesure, elle unit l'âme à la nécessité, révélant que la nécessité n'est pas pour l'âme une étrangère. La paix que l'âme trouve dans la musique tient, cependant, au fait qu'elle instaure son *ordre propre.* Le temps de la musique nous ravit parce qu'il nous soustrait à la fois au temps ordinaire de la vie et à l'univers discursif. D'une part, la musique rompt avec toute tentative visant à restituer le monde perceptible : comme le remarque Rousseau, un musicien qui voudrait imiter des bruits devrait les transposer en chants ; « s'il faisait coasser des grenouilles, il faudrait

1. Pascal, *Pensées*, éd. Brunschvicg, n° 134, Hachette, *Pensées et opuscules,* p. 389.

qu'il les fît chanter »[1]. D'autre part, il donne congé à la signification et ne joue qu'avec lui-même. Les sons de la mélodie n'agissent pas sur nous comme des signes linguistiques : ils sont signes, non du sens, mais du *sentiment*.

Ce que la peinture rend visible, ce que la musique chante, il appartient à la poésie de le *dire;* expression parfaite de l'esprit dans l'élément du Verbe, la poésie ne conserve pas au son sa valeur intrinsèque, car en elle, l'expression encore musicale (rythmes, sonorités) se laisse déborder par la *signification*. Dans cet aboutissement de l'art romantique, l'art ne côtoie-t-il pas sa propre mort ? Les mots, en effet, ne sont pas des symboles, mais les signes de *représentations*. La poésie court le risque de « se séparer totalement de la région du sensible pour se perdre définitivement dans le spirituel »[2]. Il lui faut donc rester *figurée* et fournir à la signification une sorte d'intuition : « Lorsque se leva l'Aurore aux doigts de rose » dit *plus* que la simple notation prosaïque « au commencement du jour », et pourtant dit *moins*, car ni le Soleil, ni le matin ne sont explicitement mentionnés.

De la poésie épique, expression de la vie d'un peuple et de ses hauts faits, à la poésie lyrique où s'épanche l'âme individuelle, puis à la poésie dramatique, s'accomplit un passage vers la *prose* et la *comédie*. Alors que l'art se donnait pour tâche de présenter l'identité de l'idée et de la forme, de manifester l'éternel dans l'apparence, la comédie montre la destruction de cette union. Bientôt, il ne restera que l'humour d'une subjectivité qui se réjouit d'elle-même et dénigre le monde. L'artiste moderne place tout l'art dans sa propre vie, dans ses attitudes qui choquent et provoquent l'homme ordinaire, le « philistin » (on dira bientôt le bourgeois), absorbé dans les travaux et la science prosaïques quand il ne trouve pas le repos dans sa vie privée. Comme l'intérêt majeur de notre temps semble s'accomplir dans le savoir et le pouvoir, l'artiste revendique hautement son incompétence en ces matières. Il y a du retrait dans ses provocations.

---

1. Rousseau, *Essai sur l'origine des langues,* Ch. XV. Allusion à la comédie-ballet *Platée* (Versailles, 1745), où Jean-Philippe Rameau fait chanter les grenouilles d'un étang, et leur reine, au cours d'une fête bouffonne.
2. *Esthétique,* la Poésie, trad. cit., t. 8, p. 23.

L'humour

L'esprit est devenu ce qui se moque de tout. Ou bien l'art va s'attacher aux aspects triviaux et insignifiants de la vie humaine, ou bien il va se muer en pur humour et détruire tout ce qui sera suspect de prendre une forme stable, de vouloir ou simplement de reconnaître quelque ordre, de cultiver des intérêts sérieux. Ce qu'aujourd'hui nous appelons art moderne ne côtoie-t-il pas l'arbitraire, l'insignifiance, le caprice d'une originalité exacerbée ? Allant jusqu'à ridiculiser l'art lui-même en tant qu'idée prenant forme en une matière appropriée, on proposa, un temps, des statues en mie de pain, on présenta au public des expositions de petites cuillers et de déchets, on mit en question l'adéquation du titre à l'« œuvre ». Ces provocations tendent à suggérer, aussi bien que tout est art, ou que rien n'est plus art. Le fin du fin, la fin de cette fin se produisant dans les compositions d'Erik Satie (1866-1925), aux noms étrangers à toute musique *(Pièces froides, Morceaux en forme de poire, Véritables préludes flasques pour un chien),* ou dans ce sommet de la dérision dû à Alphonse Allais : une feuille de papier blanche dont le titre ne signifie plus que la rupture de tout lien entre le sens et le sensible : *La communion d'une jeune fille anémique par temps de neige.*

Dépassement de l'art ?

Ainsi l'Esprit tend-il à dépasser l'art en religion, et la religion en philosophie. On se méprendrait si l'on voyait ici l'affirmation selon laquelle il n'y a plus (historiquement) d'art : à Hegel, on croira pouvoir objecter la richesse des œuvres dues à ses contemporains ; on trouvera même des traces d'art au XXe siècle. On rétorquera enfin que jamais l'intérêt du public pour l'art ne fut si grand.

Sans doute la fréquentation des expositions et la « demande » de concert autorisent-elles cette satisfaction. Mais c'est mal comprendre que telle est justement la principale leçon de la philosophie : l'âge de l'esthétique est venu. L'intérêt pour l'œuvre d'art est maintenant ce dont Kant avait énoncé les conditions : *réflexion* pure, libre de tout attrait sensuel comme de tout intérêt propre à la connaissance. Les statues des églises ne sont pas, pour le croyant, une présence réelle et les temples grecs ne nous apparaissent plus comme la demeure du divin. Nous contemplons de belles œuvres et nous nous y plaisons sans en attendre ni secours, ni savoir, ni salut. L'art est aujourd'hui plus libre que jamais il ne fut. Son sens, conformément à la nature de l'*expression*, mouvement vers le dehors, l'a déserté, il ne réside plus *dans* l'œuvre, mais invite à s'interroger du dehors *sur* l'œuvre ; tel est le sort de la peinture non figurative, ou de la musique qui a renoncé à la mélodie : stimuler la *critique*. Le spectateur ou l'auditeur, devenu critique, s'interroge et disserte à propos de l'œuvre, il en *parle*, mais il ne lui demande plus le reflet de sa vie. Ou bien, à l'opposé, l'art est efficace, comme la musique de danse, et l'on peut se demander si le caractère proprement artistique n'est pas devenu inversement proportionnel à la puissance d'action. De la musique antique, comme le montre le mythe d'Orphée, on rapporte des prodiges ; à présent, la musique qui *agit* (musique de danse ou musique militaire) est-elle écoutée pour elle-même ? Il arrive la même chose à la peinture : si nous laissons de côté la fonction de décoration, liée à l'architecture, la principale fonction moderne de la peinture fut le portrait, qui pérennisa de grands personnages, ou du moins des personnages fortunés et influents. Or nous ne confondons pas le portrait complaisant avec le chef-d'œuvre qui n'a pas flatté son modèle. Nous traitons en œuvres d'art des édifices, des statues, des tableaux, des compositions musicales et des textes du passé que le sérieux d'une fonction ou d'une commande investissait, peut-être au point d'en dissimuler le caractère artistique.

Ni l'art ni l'intérêt pour les œuvres d'art n'appartiennent au passé, mais c'en est peut-être fini de la méconnaissance de l'art en tant que tel au profit de sa portée et des services qu'il rendait ; le spectateur et l'auditeur savent désormais distinguer sculpture, peinture, musique et poésie de circonstance et l'*art*. Dès lors que le sens se cherche sous d'autres formes que les formes sensibles, l'art nous invite à une réflexion philosophique qui ne prétend pas lui assurer un renouveau, mais qui reconnaît son essence, en toute rigueur. De même pour la philosophie, reconnaître la raison à l'œuvre dans l'histoire universelle ne revient pas à proposer ses bons offices pour restaurer les formes politiques et juridiques qui achèvent de vieillir. La philosophie ne dit pas comment les passeports *doivent être* confectionnés, mais ce que *sont* le contrat, la famille, la propriété, l'Etat de droit.

Conclusion : l'*Esthétique* n'est pas une histoire de l'art

L'*Esthétique* use d'exemples, précis et admirablement choisis. Faut-il croire pour cela qu'elle adopte une progression historique ? S'il envisage un devenir de chaque forme d'art et une certaine succession des arts dans la manifestation de l'esprit, Hegel ne fait nullement œuvre d'historien. Il ne soutient pas qu'« après » l'Egypte, il n'y a plus d'architecture, ou « après » la Grèce, plus de sculpture. Encore moins qu'« avant » l'art chrétien il n'y a pas de peinture, de musique ni de poésie. Partout et de tous temps, ont existé de multiples productions artistiques. Evitant de croire qu'un philosophe a proféré d'évidentes absurdités, nous devons chercher ce qu'il peut bien vouloir dire, et qu'il dit effectivement.

Il est vrai que la peinture égyptienne, grecque ou pompéienne n'est pas encore *la* peinture (à son apogée) ; de même s'il y a effectivement une sculpture « romantique », ce n'est plus la forme parfaite, l'idéal de beauté plastique qui la caractérise, mais l'expression singulière en conflit avec la portée universelle : la sculpture romantique tend à la musicalité et à la poésie (elle tient un discours et suggère un mouvement). Un exemple, très postérieur à Hegel, donc parfaitement pertinent, permet d'apprécier la puissance de discernement du philosophe ; Rodin, traitant les grands hommes de son siècle, les transfigure sans se soucier ni de beauté plastique, ni de fidélité à l'apparence extérieure ; il va droit à l'intériorité : c'est Balzac, d'abord ventru, puis de plus en plus informe, en une robe de bure (comme un moine ?), ou de boue (comme le géant Antée qui reprend force en touchant terre ?) ; Hugo, en Hercule, ou en Atlas tout arc-bouté à porter l'Humanité, comme Jean Valjean, la charrette de Fauchelevent ou le seau de Cosette ; Mozart sous les traits de Gustav Mahler (1860-1911), émacié, poignant ; Clemenceau, le tribun, forcené de la République et ami des peintres. Rien de cela n'est « beau », de cette perfection immobile et muette qu'atteignit l'art classique. Nul art ne cède la place ; la musique ne s'efface pas devant la poésie ; mais Rodin, laissant aux artistes académiques le soin de rechercher vainement quelque nouveau miracle grec, *poétise*, tenant son discours dans la pierre et le bronze. Le même processus s'observe dans l'art musical ; tandis que Wagner part de l'œuvre *philosophique* de Schopenhauer, Debussy prolonge musicalement les *poètes* de son temps, Verlaine et Mallarmé. L'art commente l'art. Ce commentaire, auquel Hegel n'interdit pas de se plaire, n'a pas de fin.

II. La peinture

La dimension absente

Comme le rappelle, en français, le mot de *tableau*, la peinture s'effectue sur une simple surface. A la différence de l'architecture et de la sculpture qui réalisent de véritables objets dans l'espace à trois dimensions, la peinture ne produit qu'une modification colorée de la surface (mur, panneau, carton, toile, etc.) sur laquelle elle a été appliquée. Mais, de ce fait, la peinture n'est-elle pas condamnée à rester inférieure à la statuaire, à n'offrir que des copies décevantes ? Socrate a raison de remarquer, au Xe Livre de *la République* de Platon, que sur un lit peint en trompe-l'œil par le plus adroit des peintres imitateurs, on ne peut trouver un repos bien réparateur. Un tel faux-semblant n'intéresse pas longtemps celui qui s'y laisse prendre, une fois passé le moment de l'étonnement ou de l'amusement. La réduction à la surface menace-t-elle de conduire le peintre à la *platitude* qui résulterait du projet de tromper le spectateur par une copie de la réalité ? Le simulacre, la pâle imitation de la réalité tridimensionnelle, n'engendre, chez un être pensant, qu'un morne ennui. L'anecdote célèbre selon laquelle des pigeons venaient picorer les raisins peints par Zeuxis [1] fait état d'une habileté sans doute étonnante,

1. Hegel, *Esthétique*, Introduction, 2e Section, trad. S. Jankélévitch, Aubier, t. I, p. 44. Zeuxis (464-398 av. J.-C.) fut un des plus illustres peintres grecs.

mais range une telle production parmi les prouesses ou les curiosités plus que parmi les œuvres d'art. Du moins faut-il savoir autre chose de ce peintre pour le reconnaître comme un peintre. En voulant rivaliser avec la nature dans la production de copies, l'art ne se proposerait d'ailleurs qu'une fin parfaitement vaine ; il ressemblerait, dit Hegel [1], à « un ver de terre faisant des efforts pour égaler un éléphant ». Les œuvres techniques de l'homme, des inventions comme le navire, ou même le clou, le marteau, montrent mieux son esprit que ces imitations serviles de la nature. Un peintre l'a dit avec une conscience aiguë de son art : « La nature, pour nous hommes, est plus profondeur que surface » [2].

La réduction à la surface fait donc de la *profondeur* le problème (tâche et difficulté tout à la fois) du peintre et le principe de la peinture. Si l'œuvre peinte ne cherche pas l'*illusion*, si elle n'offre pas un faux objet, elle présente une *allusion* à l'univers des objets.

L'abandon de la « troisième » dimension ne constitue donc pas une propriété contingente de la peinture, mais son essence, ce sans quoi elle ne peut être, ni être pensée : le barbouillage d'un objet réellement tridimensionnel ne donne pas naissance à une œuvre de l'art pictural. Or ce renoncement a la signification d'une conquête. Là où l'on serait tenté de déplorer un manque, il faut saluer un prodigieux progrès de l'esprit. Il ne s'agit pas là d'une affaire de piètre importance, comme pourrait le laisser croire l'adjectif ordinal « troisième » : la « troisième » dimension devrait bien plutôt être appelée la première, car la profondeur est la condition de toute perception, la condition de notre présence au monde. L'expérience, pour un sujet pensant et sensible, est d'abord celle de la profondeur, d'un espace qui se creuse devant lui, mais aussi l'entoure. En cet espace profond vont s'accomplir des projets, de lui viendront des épreuves. Par sa réduction aux deux dimensions de la surface, la peinture concentre donc tout l'intérêt du spectateur sur l'apparence.

---

1. Ib., pp. 47-48.
2. P. Cézanne, à Emile Bernard, 15 avril 1904, in *Paul Cézanne, Correspondance*, recueillie, annotée et préfacée par John Rewald, Paris, Grasset, 1937.

Peinture et apparence

A l'opposé de toute intention de tromperie qui s'accomplirait par la production de simulacres, la peinture invite à contempler ce qui apparaît, et que l'habitude, l'affairement, les manières ordinaires de dire et même les descriptions des écrivains ont fini par nous masquer, ou nous faire oublier si nous l'avons jamais *vu*. L'apparence peinte n'invite à voir que la *représentation*. Dès que l'homme agit, les choses offrent comme des obstacles ou des points d'appui à ses prises ; il oublie que sa propre présence est une visée. La peinture le lui rappelle. Avec elle peut commencer la *contemplation*, dont Aristote dit qu'à l'homme elle n'est accessible qu'en de rares instants, mais qu'elle s'exerce sans interruption dans la vie divine [1] : la contemplation, c'est la pensée qui, au lieu de se fuir dans les travaux et dans les objets extérieurs, se reprend elle-même comme son propre objet. En contemplant des apparences que la peinture produit et annonce comme telles, nous éprouvons une joie unique : la copie ou la réplique de la réalité ne nous la procurerait pas, non plus que cette réalité elle-même. Elle tient à ce que nous y reconnaissons une *ressemblance* qui ne résulte pas de la copie, mais d'une transposition, d'une stylisation de l'original : la peinture nous donne à voir ce que les choses sont pour l'esprit et par lui. L'image peinte représente donc un objet absent (c'est par définition qu'une représentation, diplomatique par exemple, l'est à l'étranger) au moyen d'un éloignement, d'un exil essentiels, dus à l'absence de la troisième dimension. Ce faisant, elle rappelle l'esprit à sa propre contemplation.

L'intériorité

Tel est le sens de l'intériorité qui caractérise la peinture : en représentant des scènes et des objets divers, la peinture nous révèle notre propre acte de voir le monde, elle nous invite à penser la vision. Par ce terme d'intériorité, n'allons pas entendre l'entrée de faveur dans quelque *autre espace*, situé au-dedans de nous : nulle spéléologie ne permet d'atteindre l'esprit dans son activité. La métaphore, et le comparatif (*interior*, en latin, signifie « plus au-dedans »), ne

---

1. Aristote, *Métaphysique*, λ, 7, 1072 b 19-23 et 9, 1074 b 24-28.

nous éclairent que très partiellement : tout dedans qui resterait spatial, resterait extérieur car l'espace est l'extériorité même : ses parties sont extérieures les unes aux autres. L'« intérieur » d'une boîte ou d'une maison n'est pas moins extérieur à son extérieur que celui-ci ne l'est au-dedans. Cette intériorité pensante, la peinture la manifeste non par l'extériorité, comme ferait une statue, ou comme un *fac-similé* du réel selon les trois dimensions de l'espace, mais par l'extériorité mise à plat purement apparente en une surface. Elle renvoie à la vision d'un sujet singulier, d'une conscience incarnée en un être sensible et situé. Il s'agit de la vie propre à quiconque, en tant qu'esprit, se recueille ou, par un acte de liberté, institue le principe de son action. Ici se montre la dualité de l'œuvre d'art picturale : à la fois objet, par sa matérialité, et exigeant du spectateur une attitude spécifique de contemplation. Au moyen d'une toile, on peut dissimuler les fissures d'une cloison ou recouvrir l'entrée d'un passage secret, ainsi elle joue sa fonction dans le système des objets ; mais, d'autre part, elle représente un paysage, une fleur ou une mise au tombeau et quelqu'un doit la reconnaître comme telle. En tant que peinture, elle s'adresse à ce spectateur.

La vie de l'esprit

Se limitant à l'apparence et renonçant aux artifices qui pourraient fournir la contrefaçon des choses réelles, la peinture donne à voir des réalités d'un autre ordre, qu'anime la seule vie de l'esprit. Au contraire de la froide et morne réalité qui n'est que ce qu'elle est, l'esprit instaure une distance entre la moindre pensée et elle-même (cela peut s'appeler dialogue, ou dialectique) : penser, c'est opposer une pensée à sa pensée. La langue commune garde de cela quelques traces ; un homme dénué d'esprit se répand en « platitudes », un homme d'esprit se place là où on ne l'attend pas, insaisissable, ailleurs déjà. Quelle vie, quel esprit trouver dans les vitrines dites animées qui ont pour but de distraire les enfants et les badauds ? Quel intérêt prendre à un paysage de diorama fait de plans découpés dans du carton et coloriés ? Ou à un décor de théâtre, dont les panneaux, placés à diverses distances et taillés en grandeurs différentes, prétendraient reconstituer, par un trompe-l'œil, notre perception de la profondeur réelle et de l'éloignement des objets ? Ce n'est là qu'un écrin pour la vie spirituelle que, peut-être, un texte dramatique servi par des comédiens y fera surgir. Qu'importe, enfin, au visiteur, la présentation en trois dimensions, de scènes historiques, voire de tableaux célèbres, comme aux « musées » Grévin ou Tussaud ? Jamais des figurines de cire revêtues de costumes ne nous donnent à penser comme le portrait ; et quel sens trouvons-nous à la scène représentée par la toile intitulée *le Radeau de La Méduse* [1], si elle est imitée, derrière une vitrine, par des mannequins et par une tempête faite de vagues en plâtre ?

La profusion des moyens et la profondeur de pensée varient en raison inverse l'une de l'autre : la pauvreté des deux dimensions, en laissant démuni notre premier regard, l'élève à la pensée, promesse de richesses infinies. Presque indépendante de la matière, la peinture est donc beaucoup plus éloignée de la sculpture que celle-ci ne l'est de l'architecture ; en effet, la statue, supportée par son piédestal architectural, se trouve *quelque part*, en un environnement dont elle fait partie : palais, place publique ; ainsi, raconte-t-on, la statue d'Athéna, en or et en ivoire, se dressait sur l'Acropole d'Athènes, ainsi le *David* de Michel-Ange, sur la Place de la Seigneurie à Florence. Non seulement les œuvres de la statuaire occupent l'espace, mais encore elles en jouent et s'en jouent, dans un rapport étroit avec ce qui les entoure. Dans l'architecture, le mouvement du promeneur ou du fidèle découvre la grandeur ou les perspectives que ménage l'édifice immobile, tandis que la statue, autour de laquelle évolue le spectateur, change pour lui d'aspect par ce déplacement.

La peinture, au contraire, n'eut d'abord d'autre destination que de remplir les surfaces des murs. Peu à peu, elle se détache de ce support architectural pour valoir par

1. Le 2 juin 1816 eut lieu, au large des côtes d'Afrique occidentale, le naufrage de la frégate La Méduse. Des cent cinquante survivants, réfugiés sur un radeau, quinze furent, au bout de deux semaines d'agonie, recueillis, mourants, par un autre navire. On apprit que des meurtres, des suicides et même des actes de cannibalisme s'étaient produits pendant la dérive du radeau. Le gouvernement français chercha à étouffer le scandale. Théodore Géricault (1791-1824) peignit la scène, de 1817 à 1819, en une composition pathétique, *le Radeau de La Méduse*, (Paris, Musée du Louvre).

elle-même, comme l'indique nettement le cadre qui circonscrit le tableau en le séparant, non seulement matériellement, mais aussi métaphysiquement, de tout environnement. Par là il devient clair que le tableau restera lui-même partout où on l'emportera, comme le confirme le double phénomène du pillage et des expositions itinérantes.

Lorsqu'il fallut associer, à des fins d'ornementation, la production de formes sur une surface à l'architecture elle-même, on vit l'architecture déléguer cette fonction à d'autres moyens. Ainsi, dans les cathédrales italiennes des XIIIe et XIVe siècles, des incrustations de marbre contrastées ornent les façades (par exemple, à Sienne, à Orvieto) d'une sorte d'écran scintillant et coloré qui, sans valoir encore comme pictural, n'est pas architectural. Mais l'architecture peut aussi remplir elle-même cette fonction et combler le vide de ses murailles par des moyens spécifiquement architecturaux, comme le fait voir l'exemple de la cathédrale de Strasbourg, analysé avec une grande exactitude par Hegel [1]. Sous un double galbe à pinacles, entouré par les statues des prophètes, le portail central est orné par un tympan, tandis qu'au portail de gauche, les vertus terrassent les vices, les perçant d'un coup de lance, et qu'au portail de droite, un séducteur, illustrant la parabole du Paradis terrestre, se sert d'une pomme pour enjôler les vierges folles. Mais si des statues, graves ou souriantes, ornent portails, niches et galeries, et si une rosace et une galerie abritant les statues des Apôtres surmontent le grand portail, ce sont des ornements eux-mêmes *architecturaux* qui animent, en une véritable dentelle de pierre, la façade dans son ensemble. A distance du mur lui-même, des sortes de fenêtres gothiques étonnantes de sveltesse contribuent à allonger encore l'édifice ; ces fausses fenêtres, en réalité ce jeu de colonnes, se répètent sur les trois étages de la façade et jusqu'au sommet de la flèche. Par là, c'est l'espace qui se joue de lui-même et semble s'agrandir pour le spectateur.

Au contraire, lorsque la peinture apparaît dans de tels édifices, c'est indépendamment de l'environnement architectural, comme on le voit avec les tableaux qui ornent le maître-autel ainsi que les murs des chapelles ou leurs autels.

---

1. Cf. Les matériaux sensibles de la peinture, p. 66, et note.

La statue renonçait à la couleur pour mettre en évidence la forme dans l'espace réel. En se limitant à la surface, c'est-à-dire à deux dimensions, la peinture *quitte la réalité* plus complètement encore que ne le faisait la sculpture. Elle transfigure cette surface, de simple support matériel, en une apparence pénétrée d'esprit ; c'est pour le spectateur qu'elle existe : alors que la statue existe comme une réalité autonome, le tableau associe le spectateur à sa conception même. Dans la peinture, le sensible est, de fait, immédiatement spirituel : non seulement elle s'adresse à un sujet, mais elle prend pour thème principal le sujet pensant lui-même dans sa singularité et ses sentiments. N'allons donc pas entendre par le mot de « romantique », dont Hegel qualifie ce moment de l'art, quelque époque historique (que les Français situent au premier tiers du XIXe siècle) ou l'exaltation de la sentimentalité amoureuse.

Dans l'art comme en toute œuvre humaine, le contenu joue un rôle décisif ; en invitant celui qui la contemple à penser, la peinture concentre l'intérêt sur le sujet conscient de sa liberté. L'esprit comprend qu'il ne peut trouver sa vérité dans les formes naturelles, fussent-elles celles du corps humain. La peinture doit montrer cette inadéquation. Pour l'art romantique, l'esprit n'est ni au-delà de l'humain, ni présent dans des formes extérieures ; il doit être pressenti par les propres représentations d'un sujet doué de conscience et de volonté autonome. Dans l'ordre de la religion, c'est ce contenu qu'apporte la révélation chrétienne : Dieu cesse d'être un idéal abstrait, pour intervenir dans la réalité historique ; il se manifeste en une existence finie et singulière, celle de l'Homme-Dieu. De ce fait, l'art peut utiliser la forme humaine pour exprimer l'absolu, à la condition, toutefois, de ne pas y résorber, comme le faisait l'art grec classique, l'intériorité dans l'extériorité corporelle, mais, au contraire, de rendre manifeste l'indépendance de l'esprit conscient par rapport aux vicissitudes qui affectent le corps.

Les statues grecques, parfaitement belles, n'avaient nul besoin du regard par lequel s'exprime l'âme singulière, l'intériorité ; leur forme harmonieuse signifiait leur auto-suffisance. Mais une nouvelle lumière doit habiter l'œuvre qui se limite à la surface : alors que la lumière de la nature éclaire de l'extérieur les objets, et ne peut éclairer que des objets obscurs par eux-mêmes, la lumière qui convient à la peinture, en quelque sorte spirituelle, en émane comme si l'œuvre regardait le sujet conscient qui la regarde. Comme un tel sujet sait aussi qu'il appartient à un monde, il éclaire à son tour ce monde et les objets représentés. Les objets du monde extérieur à la conscience seront donc figurés dans le tableau tels que les perçoit et les pense une subjectivité : ils seront « spiritualisés » eux-mêmes.

Le lien entre la peinture et l'art « romantique » ou « chrétien » tient donc au principe de la peinture, et non à des circonstances contingentes.

Sans doute pourrait-on objecter qu'il y a des peintres dans toutes les civilisations et à toutes les époques. C'est *historiquement* exact, mais si ces œuvres manifestent habileté et même élégance, elles n'atteignent pas à l'excellence de la peinture : le fond de la pensée grecque convient à la sculpture qui lui offre le moyen de donner à voir la belle forme indépendante du corps humain. Les vestiges des peintures pompéiennes dont on peut conjecturer qu'ils gardent le souvenir de l'art pictural grec, laissent apprécier la finesse de décors animaliers et floraux, la fraîcheur du coloris ; ils ont pour thèmes des scènes empruntées à la mythologie : un Hercule enfant en train d'étrangler des serpents, un Orphée qui charme les bêtes féroces en jouant de la lyre, des épisodes tirés d'Homère et de Virgile (le cheval de Troie, l'invasion du palais de Priam) et des scènes de la vie familière aux riches Romains : chasse aux oiseaux, au gros gibier, paysages délicats, vues de villes. Des portraits aussi, comme celui du poète grec Ménandre, ou ceux des propriétaires ornent les murs de semblables demeures. Cette peinture décore, elle ne chante ni ne parle ; rien n'y exprime l'intériorité telle que nous venons de la définir : le monde et les figures humaines forment un cadre indifférent pour des maîtres de maison indifférents ; ils ne sont pas faits pour être regardés, mais pour ne pas gêner les convives. Les figures n'ont ni la gravité, ni la grâce de la sculpture grecque, ni même la majesté des statues romaines.

Le fond propre à la vision chrétienne de l'homme comme être sensible et fini qui se sait esprit et voué à une destinée suprasensible permet à l'art romantique d'exprimer la vie de l'âme et la force des sentiments par la reproduction de ce qui est *particulier* : le sentiment affecte tel homme en tant que sujet unique, dont le corps et le visage portent, comme marques de sa qualité d'être unique, des imperfections et des irrégularités physiques ; ressentant d'une façon unique, il apparaît aussi en tant qu'individu unique.

La sculpture, aux figures sans regard, ne parvient pas à montrer la limite de l'intérieur et de l'extérieur : la beauté n'y réside que dans l'extériorité ; comme les idoles dont parle le Psaume [1], elles ont des yeux qui ne voient pas, alors que déjà les icônes, représentations de la Vierge et des Saints dans la peinture byzantine, n'excluent ni le pathétique, ni la tendresse. L'icône, à la différence de l'idole, n'est pas prise pour le divin lui-même, mais rappelle qu'il nous dépasse infiniment, en même temps qu'il s'est manifesté à nous. *A fortiori*, l'exemple de l'Isis égyptienne donne à penser qu'en cet art, le sentiment maternel n'a pas encore trouvé un domaine pour sa représentation : épouse d'Osiris, la déesse de la médecine et de la culture du blé, figée dans une attitude de complète immobilité, tient une forme rigide, à peine humaine ; de ce type, plusieurs statues nous sont parvenues, dont celle qu'on peut voir aujourd'hui au Musée du Louvre. En revanche, le thème de l'amour maternel trouve dans la figure de Marie une délicatesse qui baigne les grands épisodes de l'Évangile (l'Annonciation, la Nativité, la fuite en Égypte), exaltant « le sentiment de complète satisfaction inhérent à l'amour » ; la mère de Dieu reste toujours une femme, émerveillée, aimante, puis inquiète et douloureuse. Alors que la statue d'Isis demeure extérieure à la forme d'Horus (on ne peut vraiment penser qu'il s'agisse là d'une mère et de son enfant), Marie apparaît par excellence comme la figure de l'amour maternel, amour essentiel ; les autres formes de l'amour ont en effet quelque chose de partiel et d'accidentel : l'amour par inclination aurait pu ne pas être ; l'amour d'un père pour ses enfants, ou l'amour des frères et des sœurs, est destiné à partager avec d'autres sortes d'activités humaines dans la vie sociale et familiale. L'amour d'une mère ne passe pas et ne s'efface devant aucun autre. La

1. Le même Psaume CXIII, *In exitu Israël de Aegypto*, dit encore que les idoles ont des bouches, mais ne parleront pas, et des mains, mais ne toucheront pas.

mère porte l'enfant, le protège, intercède en sa faveur ; c'est, comme le dit Victor Hugo, « l'amour que nul n'oublie ». Toutes les religions antérieures avaient honoré quelque déesse mère. Auguste Comte reconnaîtra dans ce culte rendu à la vierge mère la profonde vérité du christianisme médiéval : par cette représentation d'un dieu qui est *né*, la religion conjure l'abstraction vide et le fanatisme qui guettent les monothéismes. Ici, *image* et *tendresse humaine* sont inséparables : c'est le contenu chrétien qui conduit la peinture byzantine à se charger d'humanité. Le grand renouveau italien de la peinture à la fin du XIIIe siècle manifeste un approfondissement ultérieur de cet art, mais non une rupture avec lui. A partir de Cimabue (1240 ? – 1302), puis de Giotto (1266-1336), à Florence, à Pise, à Assise et à Padoue, la peinture semble se concentrer en elle-même pour exprimer l'intériorité dans le regard, art de la conscience comme on peut le constater avec le regard qu'échangent Jésus et Judas dans la scène du Jardin des oliviers peinte par Giotto pour la chapelle Scrovegni à Padoue, de 1303 à 1305 ; ces *Scènes de la vie du Christ et de la Vierge* présentent des personnages réellement individualisés, participant à un drame.

Le fond propre de la peinture : le sentiment

Hegel, qui ne fait en aucune manière œuvre d'historien, ne craint pas, brûlant les étapes intermédiaires, de rappeler les observations de l'historien Rochette [1] : l'art égyptien ne permet pas à un sentiment intime, comme l'amour maternel, de se manifester ; l'art gréco-romain, pas davantage, avec Niobé, pétrifiée dans sa beauté, redevenue nature comme si, après la disparition de ses enfants, elle avait perdu toute humanité : personnification de la douleur maternelle dans la mythologie grecque, Niobé, fière de ses sept fils et de ses sept filles, a osé railler Léto, qui n'avait que deux enfants, Apollon et Artémis. Ceux-ci, pour venger leur mère, tuent à coups de flèches tous les enfants de Niobé. Stupéfiée de douleur, elle se métamorphose en rocher.

Tout autrement, dans les scènes qui représentent Marie tenant le corps de son fils supplicié (descentes de croix et mises au tombeau), celle-ci reste une femme qui souffre, à

1. Cf. Caractère général de la peinture, pp. 57-58, et note.

la fois comme la simple femme que le peintre a individualisée dans une représentation singulière, et comme une femme qui souffre pour toutes les femmes. Vivante au comble de sa douleur, on dirait qu'un glaive traverse son âme. Niobé conserve, inaltérable, sa beauté. Marie continue d'aimer ce fils qu'elle a perdu et qu'elle appelle son fils. De même, Hegel oppose la douleur de Laocoon à la passion du Christ : fils de Priam et d'Hécube, prêtre d'Apollon à Troie, Laocoon, en un épisode célèbre de *l'Enéide* de Virgile, est étouffé avec ses fils par deux serpents monstrueux. Sa douleur se résume en une torsion de muscles et en un cri que représente une sculpture illustre (Musée du Vatican). Dans les représentations de la Passion du Christ, Dieu qui souffre sous la condition de l'homme, la douleur s'exprime et s'accomplit dans le visage et le regard. En un rapprochement que l'historien d'art jugera plus saisissant que pertinent, entre des univers sans point commun, le philosophe évoque, par contraste avec la statuaire égyptienne, « Raphaël et tant d'artistes italiens » [1]. Cette ellipse, en nous conduisant de l'art solennel et glacé des figures égyptiennes jusqu'à la tendresse d'un Raphaël (1483-1520), omet assurément quelques intermédiaires (entre autres, l'œuvre de Léonard de Vinci, à qui Raphaël doit l'élégance, la suavité de ses figures), mais nous rend particulièrement sensible l'admirable glorification picturale du sentiment maternel ; il est indéniable que chez Raphaël la douceur du lien le plus humble et le plus intime se trouve magnifiée *(le Mariage de la Vierge, la Madone au chardonneret)*. Avec ces sommets, et ceux qu'atteignent au même moment un Filippo Lippi ou un Botticelli, il semble qu'un nouvel âge d'or commence pour l'art.

La peinture ayant pour fond propre le sentiment et la pensée, l'intériorité, et devant représenter l'apparence des objets et des spectacles extérieurs tels qu'ils apparaissent à l'esprit d'un sujet singulier, elle va œuvrer en sorte que la spiritualité irradie à partir de la représentation figurée tout entière. Ainsi, lorsqu'elle propose à la vue l'apparence d'objets extérieurs divers, ces objets qui entourent l'homme (montagnes, vallées, prairies, arbres, forêts, le ciel et les nuages, la mer, etc.), l'essentiel n'est pas l'objet, mais l'âme

1. Cf. Caractère général de la peinture, p. 58.

de l'artiste ; selon le mot romantique, un paysage, c'est un état d'âme : il faut que le peintre fasse de la mer et du ciel le reflet, mieux, quelque chose comme l'écho coloré de notre sérénité ou de nos tourments. Que les Vénitiens et les Hollandais, peuples chez qui le ciel et la mer semblent se jouer l'un à l'autre le drame ou la sérénité de nos sentiments, comptent parmi eux les plus grands paysagistes, n'a rien de surprenant. L'occasion leur est fournie par un pays entrecoupé de canaux, voisin de la mer, riche en effets de brumes et de nuages : prendre leurs distances avec la prétention de restituer sa réalité spatiale à l'objet ; le paysage a pour âme, en effet, l'âme du spectateur ; on retrouve cette caractéristique essentielle dans les tableaux religieux ainsi que dans les portraits où les ciels chargés d'orage révèlent l'inquiétude des personnages figurés au premier plan. Par là, la peinture appartient incontestablement à cet art romantique qu'a su reconnaître Hegel ; ses œuvres s'apparentent à celles de la musique et de la poésie : le ciel tourmenté de Tolède peint par le Greco (1541-1614), une marine ivre de lumière par Turner (1775-1851), ont plus d'affinité avec la musique de Berlioz ou la poésie d'Hugo qu'avec les fresques pompéiennes représentant scrupuleusement un rivage de Campanie aux délicats festons sous un azur parsemé d'oiseaux décoratifs.

Rien de plus subjectif (inhérent au sujet lui-même) que les paysages : l'orage passera, comme, peut-être, l'humeur du promeneur. Un musicien romantique, cette fois dans l'acception commune du terme, Liszt, précise, dans la Préface aux *Années de pèlerinage*, que le paysage joue pour l'artiste une fonction dans la construction de soi-même à laquelle il procède : les paysages d'Italie, par exemple, dont Liszt traite musicalement d'après le poète anglais Byron, correspondent mystérieusement à des moments de l'âme. Les œuvres de la peinture appartiennent déjà à l'univers de la musique et de la poésie.

La profondeur, le rapport de la scène représentée avec la vocation de l'Esprit à se connaître [1], d'une part, l'attachement à la particularité sensible, d'autre part, sont les deux pôles entre lesquels la peinture s'accomplit. Le contenu romantique assigne, en effet, à un tel art deux principaux

1. Cf. pp. 10-11.

domaines : les thèmes *religieux*, les sujets empruntés à l'*histoire*, mais aussi le *paysage*, la *« nature morte »* et les scènes les plus ordinaires de la vie. Ces genres de la peinture paraissent antagonistes, du plus chargé de signification (les scènes où l'homme prend conscience de sa spiritualité, ou du moins agit conformément à ses passions dans des circonstances de quelque importance) à ce qui en est le plus dépourvu, la représentation d'êtres inanimés ; les œuvres nous détrompent : la nature morte nous le révèle, les fleurs, les fruits que la nature nous offre, nous devons aussi les contempler ; leur mode d'apparition nous invite à méditer sur cette sorte de vie que les Allemands et les Anglais, pour nommer ce genre de peinture, intitulent « vie silencieuse », ou « vie immobile », sur le temps qui a concouru à les former et qui va les défaire comme il fait et détruit toutes les beautés périssables offertes à nos sens. La nature morte est une peinture métaphysique qui donne à méditer sur la vanité de toutes choses, désespérément inséparable de leur beauté.

Le paysagiste, pour sa part, voit, selon la remarque de Rodin, « le reflet de l'âme universelle » dans les arbres, les buissons, les plaines, les collines ; il appréhende cette âme universelle selon les mouvements de la sienne propre : « Ce qui pour les autres hommes n'est que du bois et de la terre apparaît au paysagiste comme le visage d'un être immense. Corot voyait de la bonté éparse sur la cime des arbres, sur l'herbe des prairies et sur le miroir des lacs. Millet y voyait de la souffrance et de la résignation. »

La peinture, art du temps

La perfection du métier se fait presque oublier lorsque le sujet nous absorbe par sa portée spirituelle : Hegel cite les Madones de Raphaël, où l'émotion amène presque le spectateur à reléguer au second plan son admiration pour la réussite du détail ; cela montre que dans ce genre de sujet, l'art cache l'art. La technique, la simple joie de bien peindre apparaissent davantage pour elles-mêmes dans les paysages ou dans les natures mortes des maîtres hollandais ; le détail d'une étoffe (les leçons d'*Esthétique* mentionnent les satins de Terborch, Hollandais, 1617-1681), la finesse d'une fleur sur laquelle on discerne une gouttelette de rosée, la légèreté d'un feuillage, nous enchantent. Affranchie de tout autre souci, dans l'art du paysage et dans la représentation de la vie quotidienne, la peinture s'attache à capter l'éphémère, tout ce qui semble voué à l'oubli, et le pérennise. Elle relève un défi ; la peinture exige le temps (il y a peu de tableaux achevés) et la nature change sans cesse sous le regard du peintre. Cézanne ne peint guère que des pommes parce que les autres motifs s'altèrent trop vite ; des promeneurs le trouvent, dans la montagne Sainte-Victoire, cherchant encore, le soir tombé, la couleur du matin. Monet, lui, accepte de rivaliser de vitesse avec la lumière fugace de la nature. Un jour, Clemenceau le découvre, à Giverny, devant un champ de coquelicots : « avec quatre chevalets sur lesquels, tour à tour, il donnait vivement de la brosse à mesure que changeait l'éclairage avec la marche du soleil » [1]. Monet rend, de même, les jeux de lumière sur la façade de la cathédrale de Rouen aux différents moments de la journée. En se souciant de la réalité la plus ordinaire, la peinture élève à l'idéalité des sujets que nous pourrions croire insignifiants ou même indignes et nous avertit que l'esprit n'est pas étranger à ce qu'il y a de particulier, d'arbitraire et d'accidentel dans les intérêts, les besoins et les passions de la vie ; qu'on songe aux scènes dites de « genre », dont la peinture hollandaise est si prodigue, aux détails cocasses, voire triviaux, qu'elle ne se refuse pas ; un chat dérobe quelque poisson à l'éventaire du marchand, un homme, qui a glissé sur le sol gelé, ne parvient pas à se relever, des joueurs de cartes, pris de boisson, se querellent, des enfants se lancent des boules de neige, etc.

Les genres : rien n'est indigne de la peinture

Cet art hollandais anime d'une vie surabondante les détails auxquels nous n'accorderions pas la moindre importance. Il correspond au moment de liberté et de fierté d'un peuple laborieux qui a conquis sa prospérité sur les conditions naturelles et sur l'oppression étrangère. Que signifie cette mention d'un *peuple* là où l'on se trouve en présence de l'acte le plus singulier, propre à l'individualité de l'artiste ?

1. Georges Clemenceau, *Claude Monet, cinquante ans d'amitié,* Paris, Plon, 1928, p. 119.

Ces chefs-d'œuvre nous l'apprennent, l'art ne se produit effectivement que dans un « monde éthique », ensemble de mœurs et d'institutions qui le rend possible et fournit matière à sa transfiguration. Ayant à lutter contre la menace permanente de la mer, devant leur indépendance au courage et aux vertus civiques dont ils ont fait preuve contre la monarchie espagnole, ces marins, ces commerçants, ces paysans, gens *communs* (et non plus dieux, rois, seigneurs ou héros de légende), se plaisent à leur simple vie domestique. C'est à ce titre qu'ils font dans la peinture une joyeuse irruption ; les peintres nous les montrent dans leur environnement ordinaire et dans leurs occupations quotidiennes, même les plus triviales. La peinture hollandaise est le portrait de la Hollande. Comme l'écrira Fromentin : « En apparence, rien n'était plus simple que la découverte de cet art terre à terre ; depuis qu'on s'exerçait à peindre, on n'avait rien imaginé qui fût aussi vaste et plus nouveau » (*les Maîtres d'autrefois,* Hollande). Il règne dans cette exaltation de la vie une probité qui atteint directement au vrai sans nulle précaution. Qu'il s'agisse d'une scène d'intérieur, d'une noce de campagne, d'un paysage d'hiver avec des patineurs, d'incidents de la vie domestique, ce qu'il pourrait y avoir de grossier ou simplement d'anecdotique dans les sujets est relevé par la jovialité et la naïveté. Hegel le dit, en une formule célèbre : « C'est le Dimanche de la vie qui égalise tout et qui éloigne toute idée du mal » [1]. Par un tel art, ajoute-t-il, « on peut apprendre à connaître l'homme » : avertissement à tous les amateurs ultérieurs de psychologie.

La peinture a donc essentiellement quelque chose du portrait et, par conséquent, pour aboutissement le portrait lui-même. Saisir le visage, qui s'ordonne autour du regard, telle est la tâche du portraitiste ; il lui faut effectuer, non pas une œuvre de pure exactitude extérieure (comme s'en charge aujourd'hui la photographie d'« identité »), mais l'individualité *intérieure*, qui a imprimé sa marque, son *caractère* sur la configuration et les traits que la nature avait faits. La rencontre réelle du personnage qui sert de modèle nous

1. Hegel, *Esthétique*, La peinture, ch. III, Evolution historique de la peinture, c) peinture hollandaise, trad. S. Jankélévitch, Aubier, t. 7, p. 152.

dissimulerait peut-être la vérité de cette vie ; le peintre nous la révèle. Sans reprendre ce qui, dans une physionomie, est accidentel, un Titien, un Dürer font surgir la signification spirituelle, telle qu'elle s'est accomplie en un homme qui a vécu, qui a espéré, qui a souffert, qui a voulu ; ils font voir l'histoire d'une âme.

Le portrait, œuvre de patience et de méditation, et la toile de genre, son opposé, qui glorifie l'instant et l'apparence, résument ainsi la peinture, art de la subjectivité : ni l'un ni l'autre ne tentent de reproduire, sur le mode inerte, la chose finie dans ses propriétés objectives. La vraie vie, celle de l'esprit, qui sait ne pouvoir durablement coïncider avec soi, entretient avec soi-même un débat, une contestation qui percent, ou éclatent, dans tout acte de volonté et dans toute pensée.

La peinture, infiniment diverse dans ses sujets, est étonnamment *une* dans leur transfiguration ; universelle, car elle parle à tout homme de l'homme et de ce à quoi il tient le plus ; elle va du paysage, du ciel à partir duquel il s'agence, au portrait, plus vrai que nature. La vérité picturale est éminemment *subjective* en ceci que nul ne peut la former sans emprunter un cheminement unique, le style. Pour peu qu'il soit présent, il n'y a plus de hiérarchie qui vaille entre les genres : le paysage, le portrait, les scènes empruntées à la vie quotidienne n'appréhendent pas moins la subjectivité consciente de son infinité que les grands sujets religieux. Cette subjectivité se révèle par le simple fait que rien n'est indigne de l'art. Par sa profondeur, jusque dans les sujets les moins explicitement spirituels, la peinture dit, en beauté, adieu au règne de la seule beauté.

Le métier

Étant donné que le peintre ne peut user des formes spatiales telles qu'elles se trouvent dans la nature, il lui faut représenter l'étendue elle-même au moyen d'un élément suffisamment varié pour recréer par ses nuances l'apparence visible. La *matière* constituait l'élément unique de l'architecture, rendant d'abord hommage à la loi de la chute des corps à laquelle l'édifice solide obéit, comme le montrent toute maison qui a résisté, un arc de triomphe, une voûte. L'architecte ne congédie pas le maçon ; il en prolonge si bien le métier que la masse paraît belle par sa grandeur et sa puissance mêmes, sans égard pour les ornements. Les architectes italiens de Florence (Brunelleschi) et de Rome (Bramante, Michel-Ange) ramènent leurs édifices, sereins ou grandioses, à la règle mathématique, la courbe de la plus grande résistance prescrivant, par exemple, son élan au dôme audacieux. La matière de la peinture n'est pas celle des objets, mais ce par quoi tous les objets sont donnés à la vue et participent à un monde commun de *lumière*. Matière et lumière s'opposent comme ce qui est pesant à ce qui symbolise et promet l'esprit. Dans un tel édifice, nous admirons que les éléments porteurs et portés n'apparaissent pas en tant que tels. C'est cependant par sa chute toujours contrariée que la voûte tient, et nous nous plaisons à admirer ce théorème, sensible aux yeux, que l'homme doit reconnaître pour affirmer sa maîtrise : à la nature, il ne commande qu'en obéissant. Tout se passe comme si la matière pesante avait son centre hors de soi [1]. La lumière, en revanche, se manifeste comme cette unité qui révèle la diversité des objets qu'elle éclaire, les rendant visibles, faisant aussi apparaître des ombres qui signalent les formes.

Le clair-obscur

Pour la peinture, le clair et l'obscur ne résultent pas de l'éclairage naturel du modèle, mais du principe ordonnateur de la composition ; il ne s'agit pas là d'un procédé extérieur, mais de l'essence même de la peinture. Qu'on pense aux toiles de Rembrandt, chez qui cette opposition constitue non seulement le schème dramatique des scènes représentées, mais le principe organisateur et peut-être même le vrai sujet. *Le Festin de Balthazar* (Londres, National Gallery) montre, suivant l'épisode biblique, le potentat massif, charnel, revêtu de riches étoffes et paré de pierreries, que vient foudroyer au milieu de sa dernière orgie l'inscription de feu apparue sur le mur : *mane, thecel, pharès* (pesé, compté, divisé) ; le clair-obscur n'intervient pas ici comme une habileté technique, un moyen extérieur à la fin et arbitrairement choisi parmi plusieurs possibles ; il tient à l'essence du métier de peintre ; le génie de l'artiste a su faire

1. Cf. Les matériaux sensibles de la peinture, pp. 68-69.

de cette nécessité le motif lui-même. Avec *les Disciples d'Emmaüs* (Paris, Musée du Louvre), la lumière semble émaner, non directement de la figure centrale du Christ *apparu* à ses disciples après sa mort, mais d'« une sorte de phosphorescence autour de lui », selon la réflexion de Fromentin (*les Maîtres d'autrefois*, Hollande, ci-dessous p. 79). Enfin, dans le traitement de cet homme qui médite penché sur un livre (on l'appelle *le Philosophe*), Rembrandt ménage un véritable chemin de lumière qu'il oppose à l'obscurité ambiante de la pièce : le lecteur accueille la clarté du livre qui l'inonde de rayons tandis qu'une spirale de lumière dorée entraîne le regard vers la partie supérieure de la composition. Le reste de la toile, noyé d'obscurité, figure à la fois la chambre, indifférente, reléguée dans l'indétermination de l'arrière-plan, et les doutes d'où s'élève la recherche méditative. Nul autre artiste n'a donné autant à penser la peinture comme l'art de produire (et de restituer) une apparition.

La couleur

On mesure maintenant ce qui sépare la peinture des arts plastiques, architecture et sculpture, et combien est fondée la formule hégélienne selon laquelle le matériau de la peinture est déjà « idéal » [1]. Dans les œuvres plastiques, les volumes et le relief existent réellement, la lumière les mettant en valeur en les éclairant de l'extérieur. La peinture, tout à l'opposé, produit ses contrastes ou ses gradations de nuances à partir du seul principe du clair et de l'obscur. Mais la lumière pure et identique à soi ne se laisse pas voir en tant que telle ; c'est la *couleur*, combinaison de clair et d'obscur, qui caractérise, dans leur particularité, les objets de notre perception. La peinture ne peut s'en tenir à des « valeurs » venant éclairer ou obscurcir ce que signalent les traits du dessinateur ou du graveur ; par là, formes, mouvements, éloignement ou proximité des objets par rapport au spectateur sont indiqués. Le fond de la peinture étant le sentiment, elle a la couleur pour unique moyen.

Le mot de couleur a communément deux acceptions principales : il signifie l'impression que fait sur notre vue

1. Cf. Les matériaux sensibles de la peinture, p. 68.

la lumière éclairant des corps, mais aussi le matériau colorant que le peintre étend à la surface du tableau. En s'attachant à ce second sens, on peut définir la peinture comme le revêtement d'une surface au moyen d'une substance colorante plus ou moins liquide. Que dire d'autre de la peinture qui recouvre un banc afin de le protéger des intempéries ? Le peintre en tant qu'artiste n'a pas à conserver des surfaces, mais à y faire apparaître des figures absentes, au relief et à la profondeur exclusivement *pensés*. Il n'est pas indifférent de le remarquer, cette libération de l'esprit par rapport à la matière requiert un matériau élaboré, et non pas rencontré : le peintre ne trouve pas la couleur toute prête à être appliquée, il la *fait*, à partir de substances minérales, végétales ou animales, broyées avec une petite quantité d'huile et posées sur un enduit qui recouvre le support (panneau, ou toile). L'ombre, la lumière, le clair et l'obscur, leur jeu réciproque n'existent pas comme tels dans la nature, ne constituent pas des matériaux. La couleur, sorte d'obscurcissement de la lumière, en dérive : nulle couleur n'est, ni ne demeure, identique à soi (contrairement à ce que promet la boutique du « marchand de couleurs ») car les couleurs réagissent les unes sur les autres ; deux couleurs voisines ne produisant pas le même effet que lorsqu'elles sont éloignées l'une de l'autre, ainsi, l'ombre donnée par une bougie (dont la lumière est orangée) paraît bleue, tandis qu'un bleuet éclairé par la flamme paraît blanc. D'autre part, la lumière intense pousse toutes les couleurs au blanc. Le peintre s'attache à rendre ce que nous ne voyons plus parce qu'à force d'habitude et de discours, nous croyons voir. La peinture ne sépare pas deux actes, essentiels et que l'on pourrait croire antagonistes : elle nous révèle ce qui, dans le sensible, est spirituel, et elle nous reconduit à ce qui, immédiatement, est visible.

Apprendre à voir

Chacun répète, pour l'avoir entendu dire, que les feuillages « sont » verts, le ciel bleu ou gris, la terre brune. Le peintre travaille d'abord à oublier cela, ce qu'« est » l'objet, et à faire comme s'il ne savait rien. Docte ignorance, que les plus grands ont recherchée leur vie durant. Elle va libérer les choses de toute nomenclature, de toute étiquette. Comme le dit Alain, le peintre « s'exerce à voir sans penser » [1]. Il ne commente pas, ne décrit pas à la manière des écrivains ; il s'en tient, sous peine de nullité, aux principes et aux moyens spécifiques de son art. Cézanne note que l'esprit littérateur fait s'écarter le peintre de sa vraie voie et, pour exemple, rappelle un passage de *la Peau de chagrin* où Balzac décrit une « nappe blanche comme une couche de neige fraîchement tombée et sur laquelle s'élevaient symétriquement les couverts couronnés de petits pains blonds » : « Toute ma jeunesse, j'ai voulu peindre ça, cette nappe de neige fraîche... Je sais qu'il ne faut *vouloir* peindre que : s'élevaient symétriquement les couverts, et : de petits pains blonds. Si je peins « couronnés », je suis foutu, comprenez-vous ? Et si vraiment j'équilibre et je nuance mes couverts et mes pains comme sur nature, soyez sûrs que les couronnes, la neige et tout le tremblement y seront » [2]. La métaphore, art de l'écrivain (sans elle, pas de littérature), conduirait le peintre à la platitude ; il doit ordonner la toile par les grandes structures (« s'élevaient symétriquement ») et par la couleur (« blonds »), en se gardant de tout commentaire.

La composition

En effet, le tableau, quelle qu'en soit la technique, est vraiment une *composition*, l'unité d'une variété, convergence ordonnée à partir d'une idée centrale immanente à l'œuvre, comme on peut le voir dans l'équilibre et l'opposition des grandes forces qui structurent les toiles de Rembrandt, concentrant la vision sur l'intérêt principal du sujet. Il ne suffit pas au peintre d'ordonner les lignes directrices et les masses ; il doit composer de l'intérieur vers l'extérieur et pour cela, user de la mélodie et du rythme. Cercle, triangle, diagonale, oblique engendrent des groupes, les associent ou les opposent, évitant que l'œil ne soit distrait ou fatigué par la profusion de détails, rythmant, comme une œuvre musicale, les moments forts et faibles, variant sans produire la dispersion, alternant repos et excitations, continuité et

1. Alain, *Vingt Leçons sur les Beaux-Arts*, 17e Leçon, *in les Arts et les Dieux*, Bibliothèque de la Pléiade, Paris, Gallimard, 1958, p. 597.
2. Joachim Gasquet, *Cézanne, « Ce qu'il m'a dit »*, Paris, 1921, *in Conversations avec Cézanne*, édition de P.-M. Doran, Paris, Macula, 1978, pp. 158-159.

ruptures. Un motif anguleux, une dissymétrie introduisent de l'imprévu ; selon Hogarth [1], une des règles fondamentales de la composition est d'éviter la régularité. Une couleur intense s'oppose à une surface voisine monochrome. Cette organisation n'existe pas dans la nature ; en elle consiste l'originalité de l'œuvre, à quoi tout se subordonne ; non seulement le peintre a travaillé à des esquisses arrêtant la disposition d'ensemble, et à des cartons, où il a traité les principales difficultés, mais dans l'exécution elle-même, la technique répond à ce que réclame la composition : c'est par la puissance suggestive du *coloris*, combinaison, distribution originale des couleurs, que le peintre fait surgir un univers ; la technique « par empâtements », par laquelle le peintre charge le support d'une matière épaisse et d'aspect solide, ne convient pas au même propos que l'application, par « frottis », d'une couche légère appliquée à sec et permettant de voir le grain de la toile. Comme le montre l'exemple formé par Hegel, la physionomie de deux personnages différents, leur expression particulière, le sens même de la scène, apparaissent du seul fait de quelques touches colorées. Dans son *Traité de peinture*, Vinci met en garde : « La plus grande faute du peintre est de faire que deux visages se ressemblent l'un à l'autre. »

La peinture à l'huile permet soit les *transitions insensibles*, la fusion parfaite telle qu'on ne peut dire où une couleur commence et où elle finit, soit les *oppositions de couleurs*. La suite des leçons sur l'*Esthétique* s'attache particulièrement au métier qui permettait aux grands maîtres d'ombrer leurs couleurs, notamment par la technique du « glacis ». L'œuvre du Titien [2] en offre des exemples accomplis et inégalés. Il s'agit de superposer à une couleur de fond, après un long temps pendant lequel elle a séché, une couche de couleur transparente très diluée, afin d'adoucir les nuances en faisant ressortir le fond. Par là, le modelé des formes ne s'effectue pas au moyen de contours tranchés ; les ombres ont elles-mêmes de la transparence. Ce métier a disparu, mais non pas l'exigence à laquelle il répondait. Lorsque les impres-

---

1. William Hogarth (1697-1764), peintre anglais de la vie quotidienne.
2. Tiziano Vecellio, dit le Titien (1490-1576), l'un des plus grands coloristes, maître de l'école vénitienne.

sionnistes remplacèrent le clair-obscur par l'opposition des couleurs (par exemple, pour rendre les ombres, le bleu, couleur « froide », opposé à l'orangé, couleur « chaude » des objets éclairés), ils purent bien modifier le système de composition, mais leurs œuvres ne contredisent pas cette analyse : la composition s'y accomplit, par excellence, dans l'*usage pur de la couleur*[1].

Par ce caractère quasi immatériel d'un matériau devenu en lui-même représentatif et qu'Hegel nomme « idéal », par le principe interne de sa composition, la peinture ne se borne donc à aucun type particulier de sujet ; tout ce qui se laisse représenter par l'évocation colorée lui appartient : son sujet, c'est l'univers perceptible pour une âme qui ressent et qui pense. Aussi l'œuvre peut-elle réunir en un tout (la composition) les objets les plus variés dans les relations les plus diverses. Si elle représente un personnage, dans le portrait, dans les scènes historiques ou religieuses, ce personnage n'est pas isolé et limité à sa forme spatiale, comme la statue ; lui-même entretient avec ce qui l'entoure des relations diverses (pensées, sentiments, projets) et le coloris même donne à voir cette réalité spirituelle. D'emblée, dans l'exemple, précédent, des *Disciples d'Emmaüs*, le spectateur sait (ou ressent) que le jeune valet aux yeux noirs portant un plat a vu un homme qui allait manger et qui ne mange pas, un « revenant divin ». Fromentin (p. 79) dit l'attitude « impossible à décrire ». En effet, l'intensité, la ferveur de ce moment extraordinaire apparaissent sans que nul n'ait besoin d'explications : on voit immédiatement les disciples, chacun individualisé dans sa manière de réagir, le serviteur, le Christ former un tout composé de subjectivités pensantes.

Son principe fondamental de composition conduit l'art pictural vers la musique : il refuse l'anecdote, c'est-à-dire

1. La peinture est une. A l'aube de la peinture occidentale, vers 1270, Cimabue représente la Vierge et l'enfant entourés d'anges dans une pose solennelle, « en majesté » (Paris, Musée du Louvre). Pour créer le relief – il ne dispose pas de la perspective –, il peint la peau des personnages n'appartenant pas à la réalité terrestre en un mélange d'ocre, de noir de charbon et de terre d'ombre verdâtre, le « verdaccio » ; puis il fait apparaître le volume des pommettes en posant sur cette couleur froide une touche de rose, couleur chaude qui semble s'avancer vers le spectateur tandis que la couleur froide recule au fond du tableau.

le manque de cohésion et d'idée, fausse variété, tout comme la monotonie, fausse unité ; ici encore Vinci (qui pratiqua les deux arts) avertit : « La répétition des attitudes est un grand vice. » Le peintre compose une musique visuelle, mise en son par les couleurs, mais surtout *symphonique* : chaque élément, et principalement, s'il y a des figures, chaque individu garde sa propre singularité et vient composer un tout (une scène) avec les autres, de même que dans la symphonie les différentes lignes mélodiques simultanément exécutées concourent à la plénitude du tout.

L'Idée

Nous venons de comprendre ce qu'est essentiellement la peinture. L'œuvre *révèle* cette vérité *sans la dire*. Le peintre lui-même ne la conçoit pas sous une forme séparée, hors de son métier. L'art n'a pas pour fin préconçue d'exprimer une « idée » qui pourrait emprunter d'autres truchements, mais il fait paraître, grâce à des moyens de métier nécessités par sa limitation à la surface ainsi que par la nature de la couleur, une idée que l'esprit n'aurait pas formée seul. Pour que le philosophe puisse concevoir une telle idée, il faut le développement de l'art dans des œuvres. Nous comprenons maintenant tout à la fois que Hegel se montre si attentif aux *matériaux* de la peinture, et qu'il pense l'Art comme le premier moment de l'*Esprit absolu*.

L'Esprit, nous l'avons vu [1], n'est rien d'autre qu'un long débat, et la dissipation d'un long malentendu, entre la Nature et lui-même. Obstacle à l'Esprit, la Nature lui offre le point d'appui sans lequel jamais il ne passerait à l'œuvre et donc jamais ne se reconnaîtrait. Pour se comprendre, l'Esprit a besoin de s'opposer à lui-même, d'abord sous la forme d'œuvres qui sont des actes, des mœurs, des institutions, ce que Hegel appelle le moment « objectif » de l'Esprit. Le processus par lequel l'Esprit devient pure compréhension de ce qu'il est, Esprit « absolu », passe par la nécessité d'appréhender le sens dans le *sensible*. L'œuvre d'art (l'art n'est qu'œuvre), premier moment de cette découverte, révèle donc l'esprit à lui-même. Que le mot de « révélation » soit justement celui que la religion de

1. Cf. Introduction, pp. 10-11.

l'incarnation place en son centre n'étonnera pas. L'Esprit se découvre dans l'*image*. Il y a deux façons de méconnaître le sens de l'image : la prendre pour une réalité suffisante, voire pour le divin lui-même (c'est l'idolâtrie), ou refuser, au nom du divin, toute image, et c'est l'abstraction, désertique menace de fanatisme. La haine des images ne marque pas, pour l'Esprit, un progrès. Qui brûle les images en croyant brûler les étapes, régresse. Une philosophie qui ferait fi de la représentation mythique ou religieuse, une religion qui croirait s'épurer par l'élimination de l'image s'enfermeraient dans la plate généralité ou dans la fureur qui demeure inintelligible à elle-même et s'en irrite frénétiquement. Aristote y insista : le philosophe ne méprise ni les mythes ni les fables, il y reconnaît matière à s'instruire *(philosophos, philomythos)*.

Même s'il est vrai que l'Esprit n'a pas de *lieu* où il s'enracinerait, étant le pouvoir de briser toute attache, pour faire sécession, il lui faut bien partir de quelque part ; pour s'opposer, il lui faut bien trouver l'obstacle. Il faut qu'à l'Esprit, la Nature oppose ce qu'il n'est pas, et qu'il a surmonté. A chaque moment de ce développement, l'inférieur porte le supérieur : il n'est d'art qu'à la faveur de cités, et de cités que dans une Histoire tissée par les passions humaines, tout contre ces passions. Le savoir « absolu » n'est donc que ce qui permet de comprendre le rapport de l'art, de la religion et de la philosophie. Le philosophe peut sans outrecuidance dire qu'il atteint le savoir absolu, puisqu'il sait ce qu'est l'art, et aussi que sans l'art, la philosophie ne serait pas, alors que sans philosophie, l'art est parfait en son plan. La philosophie est le savoir des moments nécessaires qui conduisent à elle. Cette vérité, il n'appartient pas à la peinture de l'énoncer, elle y perdrait ce qui fait de ses œuvres des œuvres d'art. « Ne soyez pas critique d'art, faites de la peintre. C'est là le salut », conseille Cézanne à Emile Bernard. Il est vrai qu'à l'art, il ne manque rien et que le métier du peintre constitue tout le salut auquel le peintre prétend.

La peinture soustrait l'existence, même l'instant fugitif, à la cécité des lieux communs, mais non pas en y ajoutant une pensée. En révélant bien plutôt que l'esprit n'est pas ailleurs.

Esthétique

(IIIe Partie, Système des arts particuliers.
Troisième section, L'art romantique.
Chapitre premier, La peinture.
I, Le caractère général de la peinture.)

HEGEL

Présentation

Le titre

Dans l'introduction à l'*Esthétique*, Hegel remarque que le mot « esthétique », s'il doit signifier la science de la sensibilité ou du sentiment, est impropre ; dû à Alexander Baumgarten (1714-1762, *Aesthetica*, 1750-1758), il correspond à la tentative théorique pour rendre compte de cette perception confuse, mais analogue à la raison, qui se manifeste dans la connaissance (sensible) du beau. Le terme fut adopté par l'opinion, ne retenant des beaux-arts que les sentiments qu'ils suscitent (agrément, admiration, pitié, etc.). Hegel avertit qu'il se sert du mot « esthétique » « parce qu'il est consacré », mais que le terme propre pour désigner la matière de son enseignement serait plus exactement « Philosophie de l'Art » ou des « beaux-arts ».

S'il ne se satisfait pas de la réserve à laquelle aboutit la *Critique de la faculté de juger* de Kant, posant qu'« il n'y a et ne peut y avoir aucune science du beau » (§ 60), Hegel ne prétend pas davantage revenir à une quelconque science des règles du jugement sur le beau.

Mais la science suprême est la spéculation philosophique ; elle se doit de rendre compte du beau artistique, dans la mesure où l'art constitue un moment, le premier, dans la compréhension de l'Esprit par lui-même.

L'*Esthétique*, dont les premières esquisses remontent à l'époque de Heidelberg, aurait dû s'intituler « Philosophie de l'Art ». A Berlin, Hegel professa quatre fois ces leçons d'esthétique en les remaniant constamment comme en témoignent les additions au manuscrit : pendant le semestre d'hiver 1820-1821, les semestres d'été 1823 et 1826 et le semestre d'hiver 1828-1829. Elles développent, élucident et enrichissent de nombreux exemples les textes hégéliens consacrés à l'art dans les ouvrages publiés : d'abord, le Chapitre VII de la *Phénoménologie de l'Esprit* qui opposait l'artisan à l'artiste, l'Egypte à la Grèce ; dans la *Phénoménologie de l'Esprit*, l'art est un moment de la religion : à chaque moment de la religion (religion de la nature, religion « esthétique » grecque, religion révélée) correspond une forme d'art, l'apogée se trouvant dans la religion esthétique grecque. Ensuite, le précis de l'*Encyclopédie*, où l'Art, premier moment de l'Esprit absolu, fait l'objet des paragraphes 556 à 563.

Le texte

Après sa mort, plusieurs anciens étudiants et amis de Hegel se réunissent et entreprennent la publication de ses *Œuvres complètes*. Dans cette édition paraissent, à Berlin, trois volumes de leçons d'*Esthétique* (1835) pour lesquels H.G. Hotho, l'éditeur, a retenu, outre les cahiers de Hegel, les notes d'auditeurs de 1826 et de 1828-1829. En 1842, paraît une seconde édition corrigée.

Les traductions françaises

C'est ce texte que Charles Bénard traduisit et publia de 1840 à 1851. Sa traduction, qui parfois substitue des résumés, des adaptations et des interprétations à l'original, fut rééditée en 1875 (Paris, Germer-Baillière).

En 1944, parut la traduction complète de S. Jankélévitch (Paris, Aubier, 4 volumes), rééditée chez Aubier-Montaigne (10 volumes, 1964), puis, dans la collection « Champs », chez Flammarion (4 volumes, 1979).

[...] nos propres pensées sont naturellement assez obscures pour que le Hegel le plus hardi soit encore clair à côté.

ALAIN [1]

Le petit nombre de pages que nous allons lire offre un double intérêt : il nous dévoile, certes, la conception de l'art que Hegel appelle « romantique » et, par là, de l'art tout entier dont l'art romantique est l'aboutissement ; mais aussi, et nous serions tentés de dire surtout, il nous instruit sur la peinture en elle-même, nous rendant attentifs à ses moyens, aux matériaux dont elle dispose, à ses procédés en tant qu'ils conviennent précisément à un contenu de pensée qui est un moment de la pensée. Il ne s'agit pas, comme l'a magistralement expliqué Eric Weil, de se convertir à un prétendu hégélianisme fixé une fois pour toutes ; les philosophes ne nous demandent nulle adhésion ; ils ne nous imposent que nos propres pensées, que nous retrouvons, agrandies et nettoyées de ce qui nous les masquait : « Peut-on être hégélien ? Êtes-vous hégélien ? Ce sont des questions qu'on entend parfois poser. Elles n'ont pas grand sens, à dire vrai » (*Essais et conférences*, I, Hegel, Paris, Plon, 1970, p. 140). Nous sommes tous hégéliens en ce sens que notre temps ne serait pas ce qu'il est si Hegel ne l'avait pas compris, et aussi parce que l'accès à la compréhension de nos pensées passe par cette pensée ; mais, « si être hégélien doit signifier souscrire à chaque parole du maître, il peut y avoir des hommes, qui à coup sûr, ne le seront pas au sens de celui qu'ils veulent suivre » ; la fidélité suppose la liberté, le philosophe nous invitant à penser à nouveau selon la vérité de la chose même et non à visiter un palais d'idées auquel nous serions étrangers.

1. « Histoire de mes pensées, Encore Hegel », *les Arts et les Dieux*, bibliothèque de la Pléiade, Gallimard, 1958, p. 1760.

CARACTÈRE GÉNÉRAL DE LA PEINTURE [1]

Le principe essentiel de la peinture, nous l'avons vu, est la subjectivité intérieure, la vie de ses sentiments, de ses représentations, de ses actions qui englobent le ciel et la terre, multiplicité de situations et de manifestations phénoménales extérieures et corporelles ; c'est la raison qui nous a fait situer le centre de la peinture dans l'art romantique, ou chrétien. On peut aussitôt objecter à cela que non seulement chez les Anciens on trouverait d'excellents peintres ayant porté cet art à un degré de perfection aussi élevé que la sculpture, le plus haut degré, mais encore que d'autres peuples (les Chinois, les Hindous, les Egyptiens, etc.) furent renommés pour leur peinture. Sans doute, étant donné la diversité des objets qui la touchent et sa manière de les traiter, la peinture, dans sa diffusion chez des peuples divers, est-elle moins limitée que la sculpture ; mais il ne s'agit pas de cela. A considérer les choses du point de vue empirique, on trouve telle ou telle production, traitée de telle ou telle manière chez les peuples les plus divers et aux époques les plus différentes. Mais la question de fond, elle, porte sur le *principe* même de la peinture ; il s'agit d'examiner ses moyens de représentation, de repérer le contenu qui par *sa nature même* s'accorde précisément à la forme et au mode de représentation propres à la peinture, au point que cette forme devient celle qui convient par excellence à ce contenu. De la peinture des Anciens, il ne nous reste qu'un petit nombre de vestiges dont on voit bien qu'ils ne comptent pas parmi les meilleurs de l'Antiquité et qu'ils n'ont pas été exécutés par les maîtres les plus renommés de leur époque. Du moins est-ce le cas pour ce que les fouilles ont permis de découvrir dans les demeures

---

1. Nous suivons ici le texte des *Hegels Werke in 20 Bänden von 1832-1845,* neu edierte Ausgabe, Eva Moldenhauer u. Karl Markus Michel, Suhrkamp, Frankfurt am Main, 1970, *Vorlesungen über die Aesthetik.* N. III. Nous remercions Daniel Macher et Jean-Michel Muglioni de leurs conseils.

privées des Anciens [2]. Il faut néanmoins y admirer la délicatesse du goût, le choix des sujets, la netteté de la composition, aussi bien qu'une exécution aisée et un coloris plein de fraîcheur, qualités qui devaient appartenir, à un degré bien plus élevé, aux modèles originaux d'après lesquels ont été exécutées, par exemple, les peintures murales de la maison dite « du poète tragique », à Pompéi. Des peintres illustres, rien, malheureusement, ne nous est parvenu. Si remarquables qu'aient pu être ces peintures d'origine, il faut cependant penser que, malgré l'inaccessible beauté de leurs sculptures, les Anciens ne pouvaient amener la peinture au degré de développement qu'elle a atteint à l'époque du Moyen Âge chrétien et surtout aux XVIe et XVIIe siècles. Ce retard de la peinture sur la sculpture, il faut présumer qu'il se trouve en soi et pour soi chez les Anciens ; ce qui est au cœur de la vision grecque du monde s'accorde, en effet, bien plus qu'avec tout autre art, avec le principe de ce que la sculpture est à même d'exécuter. Or, dans l'art, on ne peut séparer le contenu spirituel et le mode de représentation. Donc, si nous nous demandons pourquoi la peinture n'a été portée à sa véritable hauteur qu'avec le contenu de l'art romantique, nous répondrons que ce contenu plus profond qui réclamait une animation spirituelle est constitué par l'intensité du sentiment, la béatitude et les souffrances de l'âme. Il a ouvert la voie à la plus haute perfection de la peinture et il a rendu nécessaire cette perfection.

J'en prendrai de nouveau pour exemple ce que Raoul Rochette [3] dit de la conception d'Isis tenant sur ses genoux Horus. D'une façon générale, le sujet est le même que celui des images chrétiennes de la Madone : une mère divine

---

2. C'est au XVIIIe siècle que débutèrent les fouilles d'Herculanum et de Pompéi. Elle révélèrent non seulement la vie romaine du premier siècle ap. J.-C., mais aussi l'art *grec* dont les riches demeures contenaient des originaux et des copies. Johan Winckelmann (1717-1768), préfet des antiquités et bibliothécaire du Vatican, écrivit une *Histoire de l'art chez les Anciens* grâce à laquelle le public apprit à ne plus confondre tout art antique avec l'art romain. Hegel le cite fréquemment pour traiter de la sculpture.

3. Raoul Rochette (1789-1854) : archéologue français né à Saint-Amand (Cher) ; auteur d'une *Histoire de l'établissement des colonies grecques* (1813), d'ouvrages sur les *Monuments inédits de l'Antiquité*, ainsi que d'études sur Pompéi et sur la peinture antique. Suppléant

avec son enfant. Mais la différence, dans la conception et dans l'exécution de ce que renferme ce sujet, est prodigieuse. L'Isis égyptienne, représentée dans cette situation sur des bas-reliefs, n'a rien de maternel : aucune tendresse, aucune expression de l'âme et du sentiment, ce qui ne manque pourtant jamais entièrement même aux images byzantines de la Madone, assez rigides. Or, que n'a pas fait Raphaël, ou tout autre grand maître italien, de la Madone et de l'Enfant Jésus ? Quelle profondeur de sentiment, quelle vie spirituelle, quelle ferveur, quelle plénitude, quelle élévation ou quelle grâce, quelle âme humaine et cependant toute pénétrée de l'esprit divin nous parlent dans chaque trait ! Et dans quelle infinie variété de formes et de situations ce sujet n'a-t-il pas été traité par le même maître et, plus encore, par différents artistes ? La mère, la Vierge pure, la beauté du corps, celle de l'âme, l'élévation, tout cela, et même bien plus, ressort tour à tour comme le caractère principal de l'expression. Partout la maîtrise s'affirme, non par la beauté sensible des formes, mais par l'animation spirituelle et c'est là ce qui conduit à la maîtrise de la représentation. – L'art grec, sans doute, a dépassé de beaucoup l'art égyptien ; il s'est donné, lui aussi, pour objet d'exprimer l'intériorité humaine ; mais il n'était pas en état d'atteindre à la ferveur et à la profondeur du sentiment qui résident dans le mode d'expression de l'art chrétien, et son caractère propre ne recherchait pas du tout ce genre d'animation. Par exemple (je l'ai souvent cité), le faune qui tient dans ses bras le jeune Bacchus est plein de charme et de grâce. De même les nymphes qui prennent soin de Bacchus enfant, scène que représente une petite gemme

---

de Guizot au Collège de France, il fut maître de conférences à l'Ecole normale supérieure. Hegel cite ici son *Cours d'archéologie*, 12e Leçon, Paris, 1828, ce qui confirme le soin avec lequel il met à jour les leçons d'*Esthétique* de 1828-1829 : « On ne voit (dans la figure d'Isis tenant Horus sur ses genoux) ni une mère ni un fils. Pas une trace d'amour, rien n'indique un sourire, un baiser ; en un mot, pas la moindre expression d'aucune espèce. Cette mère de dieu, qui allaite son enfant divin, elle est calme, immobile, insensible, ou plutôt il n'y a ni déesse, ni mère, ni enfant ; c'est uniquement le signe sensible d'une idée qui n'est capable d'aucune affection et d'aucune passion; ce n'est pas la véritable représentation d'une action réelle, encore moins l'expression vraie d'un sentiment naturel. »

d'une fort belle composition. Ici nous avons un sentiment comparable à de l'amour pour un enfant, amour ingénu, sans désir ni passion; cependant, même sans tenir compte du sentiment maternel, l'expression n'y a aucunement la profondeur d'âme et de sentiment que nous rencontrons dans les tableaux chrétiens. Les Anciens ont sans doute peint d'excellents portraits ; mais ni leur conception des choses de la nature, ni leur façon de voir la condition des dieux et des hommes n'étaient telles qu'ils puissent, dans la peinture, parvenir à l'expression d'une spiritualité aussi profonde que celle de la peinture chrétienne.

Que la peinture exige cette animation plus subjective, cela tient déjà aux matériaux dont elle se sert. En effet, l'élément sensible dans lequel elle se déploie consiste dans son extension sur une *surface* et dans la détermination des formes par des *couleurs*. Ce qui fait que les formes des objets telles qu'elles se donnent à la vue sont transformées par l'esprit en une apparence artistique qui remplace les formes réelles. Or il résulte de ces moyens matériels que l'extérieur, dans son existence réelle, bien qu'elle soit animée par l'esprit, ne doit pas conserver la valeur principale ; mais il doit, dans la réalité même, être rabaissé précisément au rang de simple apparence de l'esprit *intérieur* qui veut se contempler lui-même et pour lui-même en tant que spiritualité. Si nous voulons aller au fond de cela, cet abandon de la forme complète, plastique, n'a pas d'autre sens. C'est l'intériorité même de l'esprit qui entreprend de s'exprimer, *en tant qu'intériorité*, par le reflet de l'extériorité. De la même façon, la surface sur laquelle la peinture fait apparaître ses objets conduit, d'autre part, déjà d'elle-même à produire pour ces objets un environnement, des rapports et des relations réciproques ; et la *couleur*, qui particularise l'apparence, exige aussi que l'intérieur se particularise ; cette particularisation ne peut être obtenue que si l'on détermine précisément l'expression, la situation et l'action. Elle réclame donc immédiatement une diversité, un mouvement, une vie particulière à la fois intérieure et extérieure. Ce principe d'intériorisation, dans sa manifestation effective, est relié à la multiplicité des formes extérieures, et en même temps, en se détachant de cette existence particulière, il se révèle un être pour soi rassemblé en soi-même ; nous l'avons caractérisé comme le principe de l'art romantique. C'est donc dans le contenu et dans le mode de représentation propres à cet art que la peinture trouve le seul et unique objet qui lui convienne parfaitement. De même, nous pouvons dire à l'inverse que l'art romantique, lorsqu'il veut s'accomplir dans des œuvres, doit chercher des moyens matériels qui s'accordent avec son contenu, et qu'il les trouve d'abord dans la peinture. C'est pourquoi celle-ci reste plus ou moins formelle pour tous les autres sujets et toutes les autres conceptions. S'il existe donc aussi, en dehors de la peinture chrétienne, une peinture orientale, une peinture grecque, une peinture romaine, c'est cependant le développement que cet art a atteint dans les limites de l'univers romantique qui demeure son point central. Nous ne pouvons parler de « peinture orientale » ou de « peinture grecque » qu'au sens où, à propos de la sculpture, art qui prit racine dans l'idéal classique et atteignit son apogée en représentant cet idéal, nous avons eu à traiter d'une « sculpture chrétienne » ; autrement dit, il faut le reconnaître, la peinture ne trouve le contenu qui correspond pleinement à ses moyens et à ses formes qu'en se plaçant dans l'élément de l'art romantique ; par conséquent, ce n'est qu'en traitant de tels sujets qu'elle apprend à utiliser et à épuiser toutes les facettes de ses moyens. D'une façon générale, à partir de cela, nous pouvons tirer les conclusions suivantes quant au contenu, aux moyens matériels et au mode d'exécution artistique propres à la peinture.

a) Détermination principale du contenu

Nous l'avons vu, la principale détermination du contenu de la peinture, c'est la subjectivité qui est pour soi-même.

■ Il en résulte qu'au point de vue de l'*intériorité*, l'individualité ne peut se fondre entièrement dans le substantiel ; au contraire, elle doit montrer qu'elle renferme chaque contenu en tant qu'elle est tel sujet particulier, et que dans ce contenu elle s'exprime elle-même, elle exprime son intériorité, la vie de ses représentations et de ses sentiments ; d'autre part la figure *extérieure* ne peut nullement, comme dans la sculpture, paraître dominée par l'individualité intérieure. En effet, bien que la subjectivité pénètre l'extérieur comme l'objectivité qui lui est adéquate, elle est en même temps l'identité qui rentre en soi-même en se détachant de ce qui est objectif ; par ce repli sur soi, l'extérieur lui devient indifférent, elle le laisse libre. Si bien que, pour ce qui est du côté *spirituel* du contenu, la subjectivité en tant que singulière ne s'unit pas immédiatement avec le substantiel et l'universel, mais au contraire se réfléchit en elle-même pour atteindre au comble de l'être-pour-soi. De même dans l'extérieur de la figure, l'union plastique du particulier et de l'universel s'efface au profit de l'individuel, par-là même de ce qui est contingent et indifférent, caractères qui dominent les phénomènes de la réalité empirique.

■ Un deuxième point concerne le domaine auquel s'étend la peinture, en vertu de son principe même, quand il s'agit de représenter des objets.

La libre subjectivité laisse, d'abord, à l'ensemble des objets naturels ainsi qu'à toute la sphère de la réalité humaine, leur existence indépendante. Mais, d'un autre côté, elle est capable de s'insinuer dans toute particularité et d'en faire le contenu de l'intériorité. Ce n'est même que par cette imbrication dans la réalité concrète qu'elle se révèle elle-même concrète et vivante. Par là, il devient possible au peintre de faire entrer dans le domaine de ses représentations une foule de sujets qui restent inaccessibles à la sculpture. Toute la sphère religieuse, les représentations que l'on se fait du Ciel et de l'Enfer, l'histoire du Christ, des apôtres, des saints, etc., les scènes de la nature et de la vie humaine jusqu'à ce qu'il y a de plus fugitif dans les situations et les caractères, tout cela peut trouver ici sa place. Car à la subjectivité appartient aussi ce qu'il y a de particulier, d'arbitraire et d'accidentel dans les intérêts et dans les besoins de la vie : par conséquent, cela également s'offre à la conception de l'artiste.

■ A cela se rattache un troisième point : ce que la peinture prend pour contenu de ses représentations, ce sont les sentiments de l'âme. En effet, ce qui vit dans l'âme existe d'une façon subjective, même si, en son fond, c'est quelque chose d'objectif et d'absolu en tant que tel. Car le sentiment de l'âme peut bien avoir pour contenu l'universel, quoique en tant que sentiment, il ne garde pas la forme de cette universalité ; mais il se manifeste tel que moi, en tant que je suis tel sujet déterminé, *j'*en ai conscience et *je* le ressens. Pour faire ressortir le caractère objectif du sentiment, il faut que je m'oublie moi-même. Sans doute la peinture donne-t-elle à voir l'intérieur sous la forme d'objets extérieurs, mais le contenu propre qu'elle exprime est la subjectivité qui ressent. Aussi, du point de vue de la forme, elle ne peut pas donner à voir d'une façon aussi déterminée, par exemple le divin, que la sculpture, mais seulement des représentations indéterminées qui relèvent du sentiment. Cela semble, il est vrai, contredit par le fait que nous voyons les objets qui entourent l'homme : montagnes, vallées, prairies, ruisseaux, arbres, buissons, la mer et les navires, le ciel et les nuages, des édifices, les intérieurs des maisons, etc., maintes fois choisis par les peintres les plus célèbres comme sujets de leurs tableaux ; cependant, dans de telles œuvres, les objets eux-mêmes ne constituent pas le contenu essentiel ; c'est la vie, l'animation, présentes à l'exécution et à la conception, c'est l'âme de l'artiste. Cette âme se reflète dans son œuvre ; elle nous livre, non pas une simple copie des objets extérieurs, mais en même temps, elle-même, en son intériorité. Voilà précisément pourquoi, dans la peinture, les objets se révèlent plus indifférents, de ce point de vue également ; en eux, l'élément subjectif commence à percer comme ce qui est le plus important. C'est par cette orientation vers l'expression de l'âme qui, souvent, dans les objets extérieurs, peut seulement faire résonner un écho général de l'âme et de ses sentiments, que la peinture se distingue le plus de l'architecture et de la sculpture, tandis qu'elle se rapproche de la musique et qu'elle forme la transition entre les arts plastiques et l'art des sons.

b) Les matériaux sensibles de la peinture

Pour ce qui est des *matériaux* sensibles de la peinture, j'ai plusieurs fois indiqué les caractères généraux qui les distinguent de la sculpture. Aussi ne toucherai-je ici qu'au rapport plus étroit qui lie ces matériaux et le contenu spirituel qu'ils ont principalement à représenter.

■ Pour cela, la première chose à considérer, c'est que la peinture restreint les trois dimensions de l'espace. La concentration complète de ces dimensions s'accomplirait dans le *point* ; cela reviendrait à dépasser la juxtaposition spatiale en général et à être, par ce dépassement, le mouvement dans l'inquiétude en soi, propre à l'instant comme point temporel. Mais seule la musique tire toutes les conséquences de cette négation de l'espace [4]. La peinture, au contraire, laisse encore subsister l'étendue ; elle ne supprime qu'*une* des trois dimensions, de telle sorte qu'elle fait de la *surface* l'élément de ses représentations. Cette réduction des trois dimensions au simple plan découle du principe de l'intériorisation qui ne peut se produire dans la spatialité avec le caractère de l'intériorité qu'à condition de ne pas laisser subsister l'extériorité complète, mais de la restreindre.

On est communément porté à estimer que cette réduction tient à l'arbitraire de la peinture comme un défaut qui lui serait inhérent. Cet art, dit-on, prétend rendre visibles les objets naturels dans toute leur réalité, ou encore les représentations et les sentiments de l'esprit au moyen du corps humain et de ses attitudes ; mais à cette fin, la surface est

4. La musique va jusqu'à la négation complète de l'étendue : le son s'évanouit dès qu'il est né ; en ne poursuivant pas la réduction de l'espace qu'elle a commencée en se limitant à la surface, la peinture tend cependant vers le simple point. Au début de la *Philosophie de la Nature* (*Encyclopédie*, II, Philosophie de la Nature, I, la Mécanique, § 256 et Remarque), Hegel montre que si on le déduit abstraitement, comme dans les définitions de la Géométrie, l'espace dérive du point, en une suite de « négations » ; la ligne « nie » (déborde) le point, la surface nie la ligne. La ligne est le point en dehors de lui-même ; la surface est la ligne extérieure à elle-même. Faut-il donc considérer le point comme l'élément premier et positif dont tout est parti ? « L'inverse aussi est vrai, l'espace étant en fait au contraire le positif, la surface, la première négation et la ligne la seconde négation, qui tend elle-même vers le point. » Supposons le point s'échappant encore de lui-même ; le temps est cette négation de l'espace, ou "l'être qui en *étant, n'est pas* et en *n'étant pas, est*", le sensible non sensible (*Ibid.*, § 257).
La Philosophie de la Nature tente de retrouver *spéculativement* le mouvement qui conduit du plus pauvre au plus concret, de l'abstraction mécanique à l'organisation du vivant. Hegel y renoue avec la cosmologie rationnelle des Anciens, par-delà les certitudes que la physique moderne obtient en réduisant ses objets aux phénomènes produits et ramenés à des liaisons mathématiquement exprimables. A cette science d'entendement, qui divise et abstrait, la philosophie de la nature oppose l'activité de la raison qui comprend.

insuffisante, elle reste loin derrière la nature qui procède avec une tout autre perfection.

• Sans doute, au point de vue de la matérialité spatiale, la peinture est encore plus abstraite que la sculpture. Mais, loin d'être due à une limitation purement arbitraire, ou à un manque d'habileté chez l'homme, lorsqu'il s'agit d'affronter la nature et ses productions, cette abstraction constitue justement le passage nécessaire de la sculpture à la peinture. Déjà la sculpture, loin d'être une simple imitation de l'existence naturelle et corporelle, était une reproduction due à l'esprit ; elle dépouillait la forme de tous les aspects liés à l'existence naturelle ordinaire et ne correspondant pas au contenu déterminé qu'il s'agissait de représenter. Pour la sculpture, ce dépouillement concernait la couleur et sa particularité, de sorte qu'il ne restait plus que la *forme sensible* dans son caractère abstrait. En revanche, avec la peinture, c'est le contraire qui se produit : elle a, en effet, pour contenu, l'intériorité spirituelle qui ne peut se manifester que dans l'extérieur, mais comme si elle s'en retirait pour rentrer en elle-même. La peinture travaille donc bien, elle aussi, pour la vue, mais de telle façon que les objets qu'elle représente ne demeurent pas des existences naturelles, complètes et spatiales ; ils deviennent un reflet de l'*esprit* où celui-ci ne révèle sa spiritualité qu'en dépassant l'existence réelle et en la transformant en une simple *apparence* dans l'élément spirituel et pour lui.

• Aussi la peinture doit-elle en finir avec l'espace complet, et ce n'est pas seulement la limitation de la nature humaine qui la contraint de renoncer à cette totalité. Puisque en effet l'objet de la peinture, quant à son existence spatiale, n'est qu'une apparence de l'intériorité spirituelle, dont l'art offre à l'esprit la représentation, l'existence effective donnée spatialement, et entre, avec le spectateur, dans une relation beaucoup plus étroite que cela n'avait lieu dans les œuvres de la sculpture. Pour soi, la statue est essentiellement indépendante, sans nul souci du spectateur qui, lui, peut se placer où il veut. Le point d'où il la contemple, ses mouvements, les déplacements qu'il effectue autour d'elle, tout cela est pour cette œuvre d'art quelque chose d'indifférent. Pour maintenir son indépendance, la sculpture doit pouvoir offrir quelque chose au spectateur en quelque point qu'il se place. Or, dans la sculpture, il est nécessaire que se maintienne cet être-pour-soi de l'œuvre car son fond, c'est la réalité objective et délimitée qui repose extérieurement et intérieurement sur elle-même. Au contraire, dans la peinture, qui a pour contenu la subjectivité, et, précisément, l'intériorité particularisée, il y a bien aussi cette sorte de séparation, dans l'œuvre, entre l'objet et le spectateur, mais elle disparaît immédiatement car l'œuvre, en tant qu'elle représente le subjectif, montre, par tout son mode de représentation, qu'elle est essentiellement destinée au sujet, à celui qui la regarde, et qu'elle n'est pas indépendante, pour elle-même. Le spectateur est là, pour ainsi dire, dès le début, il est pris en compte et l'œuvre n'est faite qu'en fonction du point fixe qu'est le sujet. A cette vision et à son reflet dans l'esprit, la simple apparence de la réalité suffit; bien plus, la totalité réelle de l'espace dérange, car, alors, les objets qu'on voit conservent pour eux-mêmes une existence réelle au lieu d'apparaître comme figurés uniquement par l'esprit pour sa propre vision. Aussi bien la nature n'a-t-elle pas le pouvoir de réduire ce qu'elle a formé à une simple surface plane, car ses objets ont et doivent avoir aussi un être-pour-soi réel. La satisfaction que procure la peinture, en revanche, ne réside pas dans l'être réel des objets, mais dans un intérêt purement théorique pour le reflet de l'intériorité dans le monde extérieur ; par là, elle supprime la nécessité d'agencer une réalité et une organisation spatiales complètes.

• De cette réduction à la surface, il résulte, troisièmement, ceci : la peinture entretient avec l'*architecture* des rapports encore plus éloignés que la sculpture. En effet, même lorsque les œuvres de la sculpture se dressent, indépendantes pour elles-mêmes, sur des places ou des jardins publics, elles ont toujours besoin d'un piédestal façonné d'une manière architecturale ; d'autre part, lorsque c'est dans des salles, dans des vestibules, dans des portiques, etc., l'architecture sert de simple environnement aux statues ; ou bien, à l'inverse, les statues sont employées pour orner les édifices. Par là, il y a entre les deux arts un lien assez étroit.

La peinture, au contraire, dans les salles fermées comme dans les portiques ouverts et à l'extérieur, se restreint à la surface du mur. A l'origine, elle n'a pour destination que de remplir les surfaces vides des murs. Chez les Anciens principalement, elle se contente de cette destination ; ils décoraient de cette façon les murs des temples et, plus tard, également ceux des demeures privées. L'architecture gothique, dont la tâche principale était de bâtir une enceinte fermée, aux proportions les plus grandioses, offre des surfaces encore plus grandes, et même les plus immenses qu'on puisse imaginer ; cependant, aussi bien pour l'extérieur que pour l'intérieur des édifices, la peinture n'y intervient, au début, que dans les mosaïques qui ornent les surfaces nues. L'architecture ultérieure, celle du XIVe siècle en particulier, remplit au contraire ses énormes murailles d'une façon purement architectonique ; la grande façade de la cathédrale de Strasbourg [5] nous en offre l'exemple le plus magnifique. Ici, outre le portail, la rosace et les fenêtres, l'ornementation des surfaces vides est réalisée par des motifs en forme de fenêtres superposées aux murs ainsi que par des figures, avec beaucoup de grâce et de variété ; de la sorte, il n'y avait nul besoin de peintures. Pour cette raison, la peinture n'apparaît à nouveau dans l'architecture religieuse que principalement dans des édifices qui se rapprochent du type antique. Mais, dans l'ensemble, la peinture religieuse chrétienne se sépare de l'architecture et elle donne à ses œuvres une existence autonome ; ainsi des retables ornant les chapelles ou les maîtres-autels. Certes, le tableau doit encore ici rester en rapport avec le caractère du lieu auquel il est destiné, mais pour le reste, il n'est pas seulement destiné

5. En 1770 (année de la naissance de Hegel), Goethe, étudiant, rencontre Herder à Strasbourg et s'enthousiasme pour l'art d'une cathédrale où tous deux croient retrouver l'âme populaire authentique ; ils opposent ce dynamisme, qu'ils proclament allemand, à l'intellectualisme des Lumières et à l'influence française. C'est le point de départ du mouvement littéraire connu sous le vocable de *Sturm und Drang* (« tempête et assaut », « ouragan et emportement »), allusion au titre d'une pièce de Klinger et manifeste en faveur d'un lyrisme national.
« Lorsque je me suis rendu pour la première fois à la cathédrale, j'avais la tête pleine des connaissances sur le bon goût [...], j'étais un ennemi déclaré de l'arbitraire confus des décorations gothiques [...]. Quel ne fut pas le sentiment inattendu qui m'assaillit avec étonnement lors de la vision de la cathédrale ! » (Goethe, *Architecture allemande*).
Hegel décrit avec précision la façade de l'édifice (cf. notre *Introduction*, p. 34).

à remplir la surface des murs ; il est là pour lui-même, comme une œuvre de sculpture. Enfin, la peinture est employée pour orner les salles et les appartements des édifices publics (hôtels de ville et palais) et des habitations privées, etc. Par là, elle s'unit de nouveau étroitement avec l'architecture ; toutefois, dans cette union, elle ne doit pas perdre son indépendance d'art libre.

■ Or, ce qui, dans la peinture, rend encore plus nécessaire de dépasser les trois dimensions de l'espace en une simple surface, c'est la mission, qui lui incombe aussi, d'exprimer l'intériorité déterminée en soi-même, et, par là, riche en particularités variées. Voilà pourquoi, alors que la sculpture peut se borner aux formes *spatiales* de la figure et s'en contenter, un art plus riche, comme la peinture, défait cette limitation. En effet, les formes spatiales sont ce qu'il y a de plus abstrait dans la nature alors que maintenant il faut saisir des différences particulières, ce qui exige des moyens matériels plus variés en eux-mêmes. Au principe de la représentation dans l'élément *spatial* vient donc s'ajouter la nécessité d'une matière dont la détermination spatiale est *physique* ; si les différences de cette matière doivent apparaître comme ce qui est essentiel pour l'œuvre d'art picturale, elles le montrent d'elles-mêmes dans la spatialité complète, qui n'est plus l'ultime moyen de représentation ; elles doivent en finir avec les trois dimensions pour faire ressortir l'élément physique. Car les dimensions, dans la peinture, ne sont pas présentes en elles-mêmes, dans leur réalité propre ; elles ne sont rendues apparentes et visibles que par cet élément physique.

• De quel élément *physique* la peinture se sert-elle ? De la *lumière*, qui rend universellement visibles les objets en tant que tels.

Jusqu'ici, le matériau sensible et concret de l'architecture, c'était la matière, résistante, pesante, qui, en particulier dans la construction, manifestait ce caractère par sa pression et par sa masse, à la fois porteuse et portée. Dans la sculpture, elle ne perdait pas encore cette fonction. La matière [6] exerce sa pesanteur parce qu'elle n'a pas son

6. Pesante, la matière semble se fuir elle-même comme si elle n'avait pas trouvé son unité ; elle n'a pas de centre : « Le caractère

point d'unité matérielle en elle-même, mais ailleurs : elle le cherche et tend vers lui ; mais en raison de la résistance que lui opposent les autres corps qui, de ce fait, la supportent, elle reste à sa place. Le principe de la lumière est l'opposé de la matière pesante qui n'a pas encore atteint son unité. Quoi qu'on puisse dire par ailleurs de la lumière, on ne peut nier qu'elle soit d'une légèreté absolue, ni lourde ni résistante ; au contraire, elle est purement identique à elle-même et ne se rapporte qu'à elle-même ; c'est la première idéalité, la première identité dans la Nature. Dans la lumière, la nature commence à devenir subjective; elle est désormais le moi physique universel qui, sans avoir achevé son processus de particularisation, ni s'être individualisé et concentré en un point, n'en a pas moins, cependant, dépassé l'objectivité et l'extériorité pures et simples de la matière pesante; il est capable de s'abstraire de la totalité sensible et spatiale de celle-ci. Par cette qualité plus *idéale*, la lumière devient le principe physique de la *peinture*.

• Mais en tant que telle, la lumière n'existe que comme un des aspects présents dans le principe de la subjectivité, celui de cette identité plus idéale. De ce point de vue, la lumière n'est que l'acte de manifester qui consiste, dans la nature, seulement à rendre visibles en général les objets. Quant au contenu de ce que la lumière révèle, elle le laisse en dehors d'elle-même en tant qu'objet qui n'est pas la lumière, mais son autre, par conséquent l'obscur. Or ces objets, la lumière permet de les reconnaître dans leurs différences de formes, d'éloignement, etc., par cela même qu'elle éclaire, c'est-à-dire met plus ou moins en évidence leur obscurité et leur invisibilité, et qu'elle fait ressortir certaines parties comme plus visibles, c'est-à-dire plus proches du spectateur, tandis que d'autres se retirent comme plus obscures, c'est-à-dire plus éloignées. Car le clair et l'obscur comme tels, dans la mesure où l'on n'y prend pas en considération la couleur déterminée des objets, ne se

---

de ce qui est matériel consiste à poser son centre *hors de soi* ; ce n'est donc point lui, mais la tendance à s'en rapprocher qui est immanente à la matière » (*Encyclopédie*, II, Philosophie de la Nature, § 262). N'a de véritable centre et d'auto-suffisance que la pensée ; tel sera l'aboutissement de la philosophie.

rapportent en général qu'à la distance qui nous sépare des objets apparents, et cela, d'après la manière dont ils sont éclairés. Dans cette relation aux objets, la lumière ne se produit plus elle-même en tant que lumière, mais en tant que clair-obscur déjà particularisé, lumière et ombre dont les diverses configurations font connaître la forme des objets, leur distance relative et leur distance par rapport à celui qui les regarde. Tel est le principe dont use la peinture, parce qu'il lui appartient en propre, conformément à son concept, de particulariser. Si nous la comparons, sous ce rapport, avec la sculpture et l'architecture, ces arts présentent effectivement les différences réelles de la figure spatiale et laissent agir la lumière et les ombres par la manière dont la lumière naturelle les éclaire, aussi bien que par la position du spectateur ; il en résulte que le galbe des formes, qui existe déjà ici pour lui-même, ainsi que la lumière et les ombres qui le rendent visible, ne sont qu'un effet de ce qui était déjà indépendant de la capacité d'être vu. Dans la peinture, au contraire, le clair et l'obscur avec toutes leurs gradations et leurs nuances les plus délicates dépendent du principe propre à ce matériau artistique et ils ne produisent, *délibérément*, qu'une *apparence* de ce à quoi la sculpture et l'architecture donnent une forme réelle *pour soi*. La lumière et les ombres, la manifestation des objets par la façon dont ils sont éclairés, sont réalisés par l'art et non par la lumière naturelle ; par conséquent, celle-ci ne rend visibles que le clair et l'obscur ainsi que l'éclairage, déjà produits ici par la peinture. Telle est la raison positive, provenant de la nature même des matériaux, pour laquelle la peinture n'a pas besoin des trois dimensions. La figure est faite d'ombres et de lumière ; en tant que figure réelle et indépendante, elle est superflue.

• Mais, en troisième lieu, le clair et l'obscur, les ombres et la lumière ainsi que leur jeu de mise en valeur réciproque ne sont qu'une abstraction qui n'existe pas, sous ce mode abstrait, dans la nature; par conséquent, ils ne peuvent pas non plus être utilisés comme matériaux sensibles.

En effet, comme nous venons de le voir, la lumière n'existe qu'en relation avec son autre, l'obscurité. Mais dans ce rapport, les deux principes ne restent pas indépendants, ils se posent comme une unité, une imbrication de clair et d'obscur. La lumière ainsi troublée, obscurcie en elle-même, mais qui, à son tour, pénètre l'obscur et l'éclaire, forme le principe de la *couleur*, matériau spécifique de la peinture. La lumière comme telle est incolore ; c'est la pure indétermination de ce qui est identique à soi. A la couleur, qui, comparée à la lumière, est déjà relativement obscure, appartient quelque chose qui est distinct de la lumière, un trouble auquel vient s'unir le principe de la lumière. Par conséquent, c'est se faire de la lumière une représentation mauvaise et fausse que de se la figurer comme composée des différentes couleurs, c'est-à-dire des différentes manières dont elle est obscurcie [7].

La forme, la distance, les contours, le galbe, bref tous les rapports spatiaux et les différents modes sous lesquels l'objet apparaît dans l'espace ne sont produits, dans la peinture, que par la *couleur* dont le principe, plus idéal, est aussi capable de représenter un contenu plus idéal. Par des oppositions marquées, des dégradés variés à l'infini, par des transitions, par la finesse des nuances les plus délicates, elle embrasse, pour la richesse et la particularité des objets qu'elle doit représenter, le champ le plus vaste. De fait, ce que permet ici la simple coloration est incroyable. Deux hommes, par exemple, sont quelque chose d'absolument différent; chacun, par la conscience qu'il a de soi comme par son organisme, est pour soi une totalité spirituelle et corporelle complète ; cependant, dans un tableau, cette différence se réduit à une différence de couleurs. Ici finit telle couleur, là commence telle autre ; par ce seul moyen, tout est là : la forme, la distance, les jeux de physionomie, l'expression, ce qu'il y a de plus sensible et de plus spirituel. Et cette réduction, nous l'avons dit, il ne faut pas la considérer comme un pis-aller et un défaut ; bien au contraire, la peinture n'est pas *privée* de la troisième dimension, elle la rejette intentionnellement pour remplacer la

7. Hegel rejette l'explication des couleurs proposée par la *Chromatique* de Newton, décomposant la lumière au moyen du prisme en sept couleurs principales. La Philosophie de la Nature rejoint ici Goethe et cite sa *Théorie des couleurs* (*Encyclopédie*, § 320, Remarque). Là encore, à l'entendement qui divise, la raison oppose sa compréhension des couleurs comme les obscurcissements de l'unique lumière, un jeu du clair et de l'obscur qui ne les *mélange* pas (le mélange tend vers la grisaille), mais les unit en conservant leur individualité.

réalité simplement spatiale par le principe plus élevé et plus riche de la couleur.

■ Or cette richesse permet aussi à la peinture de figurer, dans ses représentations, la totalité de l'apparence. La sculpture s'en tient plus ou moins à l'individualité stable fermée sur elle-même ; mais dans la peinture, le personnage ne peut demeurer ainsi délimité, en lui-même et par rapport au monde extérieur ; au contraire, il entre dans les relations les plus diverses. D'un côté, comme je l'ai déjà indiqué, il entretient avec le spectateur un rapport beaucoup plus étroit que la statue ; d'un autre côté, il a des relations plus diverses avec d'autres personnages et avec la nature qui l'entoure. Le simple fait de ne représenter les objets que par leur apparence donne la possibilité de s'étendre, dans une seule œuvre d'art, aux distances les plus grandes et aux espaces les plus vastes avec les objets les plus divers qui s'y trouvent. En tant qu'œuvre d'art, celle-ci n'en doit pas moins être un tout délimité en soi ; dans cette délimitation, elle ne doit pas apparaître comme interrompue ou bornée au hasard, mais comme une totalité de particularités dépendant naturellement les unes des autres.

c) Le principe du traitement artistique

Troisièmement, après ces considérations générales sur le contenu et sur les matériaux sensibles de la peinture, il nous reste à indiquer brièvement le principe général qui préside au mode de traitement *artistique*.

■ Plus que la sculpture et l'architecture, la peinture se prête aux deux extrêmes : d'un côté, le principal doit être la profondeur du sujet, le sérieux religieux ou moral dans la conception et la représentation de la beauté idéale des formes ; de l'autre côté, quand il s'agit de sujets considérés comme insignifiants, ce doit être la particularité du réel et l'art personnel de l'exécutant. C'est aussi la raison pour laquelle, en matière de peinture, on peut souvent entendre deux jugements opposés, également extrêmes ; tantôt on entend s'écrier : Quel magnifique sujet, quelle conception profonde, saisissante, admirable, quelle grandeur dans l'expression ! Quelle hardiesse de dessin ! Tantôt le contraire : Comme c'est magnifiquement, incomparablement peint ! Ce désaccord tient au concept même de la peinture ; bien plus, il faut le dire, les deux aspects ne peuvent se trouver réunis au même degré d'achèvement : chacun d'entre eux ne peut que devenir autonome. Car pour moyen de représentation, la peinture a, tout aussi bien que les couleurs, la figure comme telle, les formes nées des limites spatiales. Par ce caractère, elle tient le milieu entre l'idéal, plastique, et l'extrême opposé, la particularité immédiate du réel. C'est ce qui fait qu'il y a deux sortes de peinture : l'une idéale, essentiellement tournée vers l'universel ; l'autre, qui représente l'individuel dans sa particularité la plus stricte.

■ De ce point de vue, la peinture doit, premièrement, comme la sculpture, s'emparer de ce qui est substantiel (les sujets de la foi religieuse, les grands événements de l'histoire, les personnages les plus marquants), bien que ce substantiel, elle le donne à voir sous la forme de la subjectivité intérieure. Ce qui importe alors, c'est la grandeur, le sérieux de l'action représentée, la profondeur du sentiment qui s'y trouve exprimé. De sorte que l'achèvement, la mise en œuvre des riches moyens dont dispose la peinture, l'habileté qu'exige l'emploi virtuose de ces moyens, ne peuvent encore obtenir ici la reconnaissance entière de leur droit. La puissance du contenu qu'il s'agit de représenter, le fait de se vouer à ce qu'il y a d'essentiel et de substantiel relèguent, comme inessentielle encore, l'habileté parfaite de l'artiste. C'est ainsi, par exemple, que les cartons de Raphaël ont une valeur inestimable et témoignent de l'excellence de leur conception. Toutefois, même dans ses tableaux achevés (quelles que soient sa maîtrise dans le dessin, la pureté des figures à la fois idéales et cependant pleines d'individualité vivante, ainsi que dans la composition et le coloris), Raphaël est assurément surpassé, pour ce qui est du coloris et du paysage, par les maîtres hollandais. Cela est encore plus vrai des héros de l'art italien antérieurs à Raphaël : il leur est inférieur pour la profondeur, la puissance et l'intensité de l'expression, comme il l'emporte sur eux par l'art de peindre, la beauté vivante de ses groupes, le dessin, etc.

■ Mais, à l'inverse, nous l'avons vu, il ne suffit pas à la peinture d'approfondir le riche contenu de la subjectivité, son infinité ; elle doit rendre leur indépendance et leur liberté aux particularités qui, d'ordinaire, ne forment pour ainsi dire que l'accessoire, l'environnement, l'arrière-plan. Maintenant, dans ce passage du sérieux le plus profond à l'extériorité du particulier, la peinture doit aller jusqu'à l'extrême opposé, jusqu'à l'apparence phénoménale en tant que telle, c'est-à-dire jusqu'au point où le contenu lui-même devient indifférent et où l'art de faire apparaître devient le principal objet d'intérêt. Par l'art à son comble, nous voyons alors fixer les nuances les plus fugitives du ciel selon les heures du jour, la distribution de la lumière dans les bois, les lueurs et les reflets des nuages, des vagues, des lacs et des fleuves, le scintillement et le chatoiement du vin dans les verres, l'éclat des yeux, ce qu'il y a d'instantané dans un regard, dans un sourire, etc. La peinture passe ici de l'idéal à la réalité vivante dont elle parvient à reproduire l'effet d'apparition grâce à sa précision et à sa perfection dans le moindre détail. Toutefois ce n'est pas une simple application dans l'exécution, mais un travail habité par l'esprit qui achève chaque détail pour lui-même tout en maintenant la cohésion et la fusion du tout, ce qui exige le plus grand art. Ici l'animation obtenue en produisant l'apparence de la réalité semble devenir une destination plus élevée que celle de l'idéal ; ce qui explique pourquoi dans aucun autre art on n'a autant disputé sur l'idéal et la nature (j'en ai déjà amplement traité auparavant). Sans doute pourrait-on blâmer, comme une prodigalité, l'utilisation de tous les moyens de l'art pictural pour des sujets d'aussi médiocre importance ; la peinture ne peut, cependant, se défaire de tels sujets, les seuls qui, de leur côté, soient propres à être traités avec un tel art et à offrir cette subtilité et cette délicatesse infinies de l'apparence.

■ Mais le traitement artistique ne s'arrête pas à cette opposition générale ; étant donné que la peinture repose, d'une manière générale, sur le principe de la subjectivité et de la particularité, elle pousse encore plus loin l'acte de particulariser et d'individualiser. Certes, l'architecture et la sculpture présentent des différences nationales; dans la sculpture en particulier, on reconnaît même déjà l'individualité des écoles et des maîtres. Mais dans la peinture cette variété et ce caractère subjectif dans le mode de représentation s'étendent aussi loin et sont aussi imprévisibles que sont illimités les sujets qu'elle peut embrasser.

C'est ici principalement que se met en valeur l'esprit particulier des peuples, des provinces, des époques ou des individus ; cela ne concerne pas seulement le choix des sujets et l'esprit de la conception, mais aussi la façon de dessiner, de grouper, le coloris, la conduite du pinceau, le traitement des couleurs, etc., et cela va même jusqu'à des manières et des habitudes proprement subjectives.

Puisque la peinture a pour destination d'évoluer ainsi sans limitation dans l'intériorité et dans la singularité, il y a sans doute aussi peu de choses générales qu'on puisse dire d'elle avec précision, qu'il y a des choses précises à dire d'elle en général. Cependant nous ne pouvons pas nous contenter de ce que j'ai expliqué jusqu'ici à propos du contenu, des matériaux et du traitement artistique propres à la peinture. Même en laissant de côté l'élément empirique avec son immense variété, nous devons encore soumettre à un examen plus approfondi quelques points qui paraissent décisifs.

Les maîtres d'autrefois

Belgique, Hollande (1876)

E. FROMENTIN
(1820-1876)

Le métier

La vérité qui nous mettrait tous d'accord reste à démontrer ; elle consisterait à établir : qu'il y a dans la peinture un métier qui s'apprend et par conséquent peut et doit être enseigné, une méthode élémentaire qui également peut et doit être transmise – que ce métier et cette méthode sont aussi nécessaires en peinture que l'art de bien dire et de bien écrire pour ceux qui se servent de la parole ou de la plume – qu'il n'y a nul inconvénient à ce que ces éléments nous soient communs – que prétendre se distinguer par l'habit quand on ne se distingue en rien par la personne est une pauvre et vaine façon de prouver qu'on est quelqu'un. Jadis c'était tout le contraire, et la preuve en est dans la parfaite unité des écoles, où le même air de famille appartenait à des personnalités si distinctes et si hautes. Eh bien, cet air de famille leur venait d'une éducation simple, uniforme, bien entendue et, comme on le voit, grandement salutaire. Or, cette éducation, dont nous n'avons pas conservé une seule trace, quelle était-elle ?

Voilà ce que je voudrais qu'on enseignât et ce que je n'ai jamais entendu dire ni dans une chaire, ni dans un livre, ni dans un cours d'esthétique, ni dans les leçons orales. Ce serait un enseignement professionnel de plus à une époque où presque tous les enseignements professionnels nous sont donnés, excepté celui-là.

Hollande.

Rubens, musicien par les couleurs

La pêche miraculeuse,
1619, Eglise de Malines

Vous est-il arrivé de fermer les yeux pendant l'exécution d'un morceau de musique brillante ? Le son jaillit de partout. Il a l'air de bondir d'un instrument à l'autre, et, comme il est très tumultueux malgré le parfait accord des ensembles, on croirait que tout s'agite, que les mains tremblent, que la même frénésie musicale a saisi les instruments et ceux qui les tiennent ; et parce que des exécutants secouent si violemment un auditoire, il semble impossible qu'ils restent calmes devant leur pupitre ; de sorte qu'on est tout surpris de les voir paisibles, recueillis, seulement attentifs à suivre le mouvement du bâton d'ébène qui les soutient, les dirige, dicte à chacun ce qu'il doit faire, et qui n'est lui-même que l'agent d'un esprit en éveil et d'un grand savoir. Il y a de même dans Rubens, pendant l'exécution de ses œuvres, le bâton d'ébène, qui commande, conduit, surveille ; il y a l'imperturbable volonté, la faculté maîtresse qui dirige aussi des instruments fort attentifs, je veux dire les facultés auxiliaires. [...] L'exécution est de premier coup, tout entière ou peu s'en faut ; cela se voit à la légèreté de certains frottis, dans le saint Pierre en particulier, à la transparence des grandes teintes plates et sombres, comme les bateaux, la mer et tout ce qui participe au même élément brun, bitumineux ou verdâtre ; cela se voit également à la facture non moins preste, quoique plus appliquée, des morceaux qui exigent une pâte épaisse et un travail plus nourri. L'éclat du ton, sa fraîcheur et son rayonnement sont dus à cela. Le panneau à base blanche, à surface lisse, donne aux colorations franchement posées dessus cette vibration propre à toute teinture appliquée sur une surface claire, résistante et polie. Plus épaisse, la matière serait boueuse ; plus rugueuse, elle absorberait autant de rayons lumineux qu'elle en renverrait, et il faudrait doubler d'effort pour obtenir le même résultat de lumière ; plus mince, plus timide, ou moins généreusement coulée dans ses contours, elle aurait ce caractère émaillé qui, s'il est admirable en certains cas, ne conviendrait ni au style de Rubens, ni à son esprit, ni au romanesque parti pris de ses belles œuvres. Ici comme ailleurs la mesure est parfaite. Les deux torses, aussi rendus que peut l'être un morceau de nu de ce volume dans les conditions d'un tableau mural, n'ont pas subi non plus un grand nombre de coups de brosse superposés. Peut-être bien, dans ces journées si régulièrement coupées de travaux et de repos, sont-ils chacun le produit d'une après-midi de gai travail – après lequel le praticien, content de lui, et il y avait de quoi, posa sa palette, se fit seller un cheval et n'y pensa plus.

A plus forte raison, dans tout ce qui est secondaire, appuis, parties sacrifiées, larges espaces où l'air circule, accessoires, bateaux, vagues, filets, poissons, la main court et n'insiste pas. Une vaste coulée du même brun, qui brunit en haut, verdit en bas, se chauffe là où existe un reflet, se dore où la mer se creuse, descend depuis le bord des navires jusqu'au cadre. C'est à travers cette abondante et liquide matière que le peintre a trouvé la vie propre à chaque objet, qu'il a *trouvé sa vie*, comme on dit en terme d'atelier. Quelques étincelles, quelques reflets posés d'une brosse fine, et voilà la mer. De même pour le filet avec ses mailles, et ses planches et ses lièges, de même pour les poissons qui remuent dans l'eau vaseuse, et qui sont d'autant mieux mouillés qu'ils ruissellent des propres couleurs de la mer ; de même aussi pour les pieds du Christ et pour les bottes du matelot rutilant.

Belgique.

Amsterdam

Dix minutes passées sur le grand canal de Venise et dix autres minutes passées dans la *Kalverstraat* [1] vous diraient tout ce que l'histoire peut nous apprendre de ces deux villes, du génie des deux peuples, de l'état moral des deux républiques, et par conséquent de l'esprit des deux écoles. Rien qu'à voir les habitations en lanternes où les vitres

1. Une des plus anciennes rues d'Amsterdam.

tiennent autant de place et ont l'air d'être plus indispensables que la pierre, les petits balcons soigneusement et pauvrement fleuris et les miroirs fixés aux fenêtres, on comprend que dans ce climat l'hiver est long, le soleil infidèle, la lumière avare, la vie sédentaire et forcément curieuse ; que les contemplations en plein air y sont rares, les jouissances à huis clos très vives, et que l'œil, l'esprit et l'âme y contractent cette forme d'investigation patiente, attentive, minutieuse, un peu tendue, pour ainsi dire clignotante, commune à tous les penseurs hollandais, depuis les métaphysiciens jusqu'aux peintres.

Me voici donc dans la patrie de Spinoza et de Rembrandt.

Hollande.

Génie de Rembrandt
Le clair-obscur

Ce qu'on prête à Rembrandt est bien à lui. Le clair-obscur est, à n'en pas douter, la forme native et nécessaire de ses impressions et de ses idées. D'autres que lui s'en servirent ; nul ne s'en servit aussi continuellement, aussi ingénieusement que lui. C'est la forme mystérieuse par excellence, la plus enveloppée, la plus elliptique, la plus riche en sous-entendus et en surprises, qu'il y ait dans le langage pittoresque des peintres. A ce titre, elle est plus qu'aucune autre la forme des sensations intimes ou des idées. Elle est légère, vaporeuse, voilée, discrète ; elle prête son charme aux choses qui se cachent, invite aux curiosités, ajoute un attrait aux beauté morales, donne une grâce aux spéculations de la conscience. Elle participe enfin du sentiment, de l'émotion, de l'incertain, de l'indéfini et de l'infini, du rêve et de l'idéal. – Et voilà pourquoi elle est, comme elle devrait l'être, la poétique et naturelle atmosphère que le génie de Rembrandt n'a pas cessé d'habiter. On pourrait donc, à propos de cette forme habituelle de sa pensée, étudier Rembrandt dans ce qu'il a de plus intime et de plus vrai.

Hollande.

Les disciples d'Emmaüs, de Rembrandt (1648)

[...] Une merveille un peu trop perdue dans un coin du Louvre et qui peut compter parmi les chefs-d'œuvre du maître. Il suffirait de ce petit tableau de pauvre apparence, de mise en scène nulle, de couleur terne, de facture discrète et presque gauche, pour établir à tout jamais la grandeur d'un homme. Sans parler du disciple qui comprend et joint les mains, de celui qui s'étonne, pose sa serviette sur la table, regarde droit à la tête du Christ et dit nettement ce qu'en langage ordinaire on pourrait traduire par une exclamation d'homme stupéfait, sans parler du jeune valet aux yeux noirs qui apporte un plat et ne voit qu'une chose, un homme qui allait manger, ne mange pas et se signe avec componction, – on pourrait de cette œuvre unique ne conserver que le Christ, et ce serait assez. Quel est le peintre qui n'a pas fait un Christ à Rome, à Florence, à Sienne, à Milan, à Venise, à Bâle, à Bruges, à Anvers ? Depuis Léonard, Raphaël et Titien jusqu'à Van Eyck, Holbein, Rubens et Van Dyck, comment ne l'a-t-on pas déifié, humanisé, transfiguré, montré dans son histoire, dans sa passion, dans la mort ? Comment n'a-t-on pas raconté les aventures de sa vie terrestre, conçu les gloires de son apothéose ? L'a-t-on jamais imaginé ainsi : pâle, amaigri, assis de face, rompant le pain comme il avait fait le soir de la Cène, dans sa robe de pèlerin, avec ses lèvres noirâtres où le supplice a laissé des traces, ses grands yeux bruns, doux, largement dilatés et levés vers le ciel, avec son nimbe froid, une sorte de phosphorescence autour de lui qui le met dans une gloire indécise, et ce je ne sais quoi d'un vivant qui respire et qui certainement a passé par la mort ? L'attitude de ce revenant divin, ce geste impossible à décrire, à coup sûr impossible à copier, l'intense ardeur de ce visage, dont le type est exprimé sans traits et dont la physionomie tient au mouvement des lèvres et au regard, – ces choses inspirées on ne sait d'où et produites on ne sait comment, tout cela est sans prix. Aucun art ne les rappelle ; personne avant Rembrandt, personne après lui ne les a dites.

Hollande.

Index

DES NOTIONS ET DES NOMS PROPRES [1]

1. Les chiffres en **gras** renvoient aux textes de Hegel et de Fromentin, les chiffres en caractères normaux à notre introduction.

Aubin Imprimeur
LIGUGÉ, POITIERS

Achevé d'imprimer en octobre 1991
N° d'édition 8674 / N° d'impression L 38702
Dépôt légal octobre 1991 / Imprimé en France